경찰부패
윤리론

경찰부패
윤리론

김택 지음

한국학술정보

경찰은 국가의 치안질서를 유지하고 지역주민의 범죄 위협으로 부터 방지와 예방을 위해 그 책무를 다해야 한다. 경찰이 무너지면 나라도 무너진다. 과거 김신조 등 무장공비의 청와대 습격시 백척간두의 위기를 누가 지켰는가? 지리산 빨치산을 토벌한 것은 누구인가? 대한민국 경찰이다. 경찰의 역사는 부침과 치욕의 연속이었다. 경찰은 조선시대 포도청을 거쳐 일제강점기에 통감부가 경찰역할을 하였다. 1910년 테라우치 통감과 박제순 총리대신이 경찰권을 일본이 위탁한다는 각서에 서명함으로써 대한제국 경찰권은 일제에 넘어갔다. 그 후 일본은 헌병경찰제도를 시행하고 고등계 형사를 두어 독립투사를 잡아 고문하고 무고한 주민들을 위협하고 하였다. 어린아이가 울 때 일본 순사가 온다면 그쳤다고 할 정도로 그 무시무시한 일본도를 차고 한국 사람을 괴롭혔다. 해방 후 한국을 점령한 미군측은 경무부를 만들어 조병옥을 수장으로 임명하였고 전국경찰을 그 휘하에 두었다. 일제의 잔재가 남아있는 경찰시스템을 영미식으로 바꿔 새롭게 구축하려고 했지만 일제 앞잡이였던 순사들을 그대로 경찰관으로 유임함으로써 청산의 기회를 놓쳤다. 아직도 경찰문화가 권위주의적 성격을 지니게 된 원인도 여기에 있다고 본다. 미군정은 경찰업무의 축소를 하는 비경찰화 작업, 고문으로 악명높은 고등계를 폐지하고 정보과를 신설하였다. 또한 여자경찰관을 채용하여 여성과 소녀범죄를 취급하게 하는 등 나름대로 그 역할을 다했다고 본다. 1948년 이승만 정부는 고문경찰의 잔재가 남아있는 이들을 일소하지 못하고 국립경찰지휘권을 인수하였다. 이때부터 내부무 장관소속의 2급 치안국장을 두어 그 밑에 경찰을 두게 했다. 1973년 대통령령으로 기념일에 대한 규정을 제정하면서 10월 21일이 경찰의 날로 정했다. 1974년 치안본부와 1991년 경찰청의 창설로 경찰은 새로운 전기를 맞게 됐다.

그동안 경찰은 '국민의 나라 정의로운 나라'를 강조했고 '경찰활동을 국민중심'으로 거듭나겠다고 포부를 밝혔다. 그러나 우리나라 경찰은 그 역사만큼 국민들로 부터 그 수난과 과오를 매몰차게 받고 있다. 먼저 경찰의 정당한 공무집행을 방해받고 있다. 거리나 파출소 경찰서 등에서 경찰관에게 폭력을 행사하고, 침을 뱉고, 집기를 내던지고, 욕을 하는 등 경찰관을 향한 인권유린은 말로 표현하기 힘들다. 세계에서 가장 인권을 존중하는 경찰이 한국경찰이다라고 소문나서 외국인들도 경찰관에게 공권력 행사에 불응하고 있다고 한다. 공무집행 불응죄 대가도 형편없다. 지난 1월 대전에서 술 취한 청년이 경찰관에게 뺨을 때리고 급소를 질렀는데 법원은 벌금 200 만원을 부과했다. 미국에

선 경찰관을 폭행하면 징역형에 가한다. 한 예로 미국 캘리포니아에서 경찰관을 밝고 밀친 사람에게 징역 7년을 가했다. 일본도 경찰관에게 막대기를 휘두른 40대 남성에게 징역 7개월을 선고했다. 이런 원인은 어디서 비롯됐나? 아마도 경찰의 과거 중앙집권적이고 관료적인 경찰문화에 대한 비난을 희석하려는 경찰조직의 자조적인 문화도 한몫 한다. 그러나 더 큰 문제는 정치권력이 경찰을 우습게 보고 인사권을 멋대로 휘둘러서 비롯됐다고 본다. 정권에 충성하기보다는 국민에 봉사하는 경찰상을 보여주어야 하는데 정치권력에 빌붙어 아첨했다고 본다. 이젠 이와 같은 적폐를 혁신해야 한다. 경찰의 수사권 부여, 경찰청의 경찰부 승격(장관급), 경찰부적격자의 강한 징계, 경찰 청렴교육 강화, 범법자에 대한 경찰장구 적극사용 등이 요구된다. 경찰은 이제 정의로운 민주경찰로서 그 소임을 다해야 할 것이다. 경찰학자 코헨과 펠드버그는 민주경찰의 바람직한 지향점을 다음과 같이 주장했는데 첫째, 경찰은 사회전체의 필요에 의해서 생겨났기 때문에 법집행의 공정한 접근이 필요하다고 한다. 편파적인 경찰서비스나 친구나 동료에게 특혜를 제공해서는 안 된다고 한다. 둘째, 경찰은 공공의 신뢰를 확보하기 위해서 엄정한 법집행, 공익을 위한 공권력 행사, 부패하지 않고 적법절차를 준수하고 필요한 최소한의 공권력을 행사하기를 바란다. 셋째, 국민의 생명과 재산의 안전보호를 위해서 노력해야 하고 협력해야 한다. 대외적으로 검찰과 국회에 협력해야 한다. 검찰은 기소를 위해 수사 자료를, 국회는 법률의 제정 개폐를 위해서 상호 협력해야 한다. 넷째, 경찰은 사회의 일부분이 아닌 전체 국민을 위해 경찰업무를 수행해야 한다. 경찰관 개인의 편견, 선입견 선호, 감정적 개입, 무관심과 냉소적 태도는 모두 금지해야 한다. 경찰의 날을 맞아 경찰도 국민을 위한 경찰, 국민의 경찰 기관이 되기 위해서 더 한층 쇄신해야 한다. 정부, 국회, 언론, 시민단체도 협업화하여 관심과 지원이 필요하다고 본다. 국가의 안전과 사회적 약자의 파수꾼으로서 경찰역할을 다시 한번 기대해 본다.

본 연구서는 필자가 2016년도에 취득한 동국대학교 경찰학 박사학위 논문을 기초로 하여 출간되었다.

끝으로 이 연구서 발간을 승낙해 주신 한국학술정보 채종준 사장님께 깊은 사의를 표하며 아울러 출간에 도움을 준 편집진께 고마움을 표합니다. '한국학술정보'의 무궁한 발전을 기원합니다.

2022년 7월 5일

김택

■ **목차**

서문　• *4*

제1장 **서론** • *13*

제1절 연구의 목적 ·· *15*
제2절 연구범위와 방법 ··· *20*
　1. 연구의 범위 ·· *20*
　2. 연구의 방법 ·· *21*

제2장 **연구의 이론적 배경** • *23*

제1절 경찰 부패 ·· *25*
　1. 개념과 유형 ·· *25*
　2. 원인 ··· *30*
　3. 기능 ··· *33*

제2절 한국의 경찰부패 실태와 통제 ·· *35*
　1. 실태 ··· *35*
　2. 원인 ··· *39*
　3. 통제제도 ·· *48*

제3절 선행연구의 검토 ································· *55*

   1. 법 · 제도적 연구 ································· *55*

   2. 개인 · 윤리적 연구 ································· *57*

   3. 문화 · 환경적 연구 ································· *58*

제3장   연구모형과 연구방법   • *63*

제1절 연구모형 및 가설 ································· *65*

   1. 연구 모형 ································· *65*

   2. 연구 가설 ································· *66*

제2절 변수의 조작적 정의와 측정 ································· *70*

   1. 종속변수와 독립변수 ································· *70*

제3절 자료수집 및 분석 ································· *73*

   1. 설문지와 표본추출 ································· *73*

   2. 자료분석 ································· *74*

제4장 연구결과의 분석 및 논의 •77

제1절 조사대상자 분포 ·· 79
  1. 인구사회학적 특성 ·· 79
  2. 기술통계학적 특성 ·· 81

제2절 신뢰성분석 ·· 84

제3절 연구 가설검증 ·· 87
  1. 개인적 요인 ·· 87
  2. 조직문화적 요인 ·· 102
  3. 법제도적 요인 ·· 110
  4. 인구사회학적 특성 요인 ·· 118

제4절 조사분석 결과의 논의 ·· 129
  1. 개인적 요인 ·· 129
  2. 조직문화적 요인 ·· 132
  3. 법제도적 요인 ·· 134

제5장 결론 •139

부록   •147
참고문헌   •191

표제목

〈표 2-1〉 경찰공무원 징계현황 ·· 36

〈표 2-2〉 경찰부패 유형 ·· 36

〈표 2-3〉 정부부문부패실태조사: 기업인이 생각하는 공직분야 부정부패 ·········· 37

〈표 2-4〉 대학생들의 경찰부패 인식조사 분석 ···································· 38

〈표 2-5〉 TI가 평가한 우리나라의 국가투명성지수 추이 ·························· 39

〈표 2-6〉 윤리 교육 교과목 현황 ·· 47

〈표 2-7〉 대학생들의 경찰부패인식 조사분석 ······································ 50

〈표 2-8〉 부패문제 해결을 위한 최우선 과제 ······································ 53

〈표 2-9〉 경찰인성교육 현황 ·· 54

〈표 2-10〉 경찰부패 요인에 관한 분석 ·· 58

〈표 2-11〉 관료부패 요인에 관한 분석 ·· 60

〈표 3-1〉 설문지 구성 ·· 73

〈표 4-1〉 시민 조사대상자의 일반적 특성 ·· 80

〈표 4-2〉 기술 통계분석 결과 ·· 82

〈표 4-3〉 신뢰성분석 결과 ·· 85

〈표 4-4〉 부패의미기준이 경찰부패인식에 미치는 영향 ···························· 88

〈표 4-5〉 부패의미기준이 경찰 탐욕에 미치는 영향 ································ 90

〈표 4-6〉 부패의미기준이 경찰 충동성에 미치는 영향 ······························ 92

〈표 4-7〉 부패의미기준이 경찰 금품수수에 미치는 영향 ···························· 93

〈표 4-8〉 경찰부패 요인이 경찰부패인식에 미치는 영향 ···························· 95

〈표 4-9〉 경찰부패 요인이 경찰 탐욕에 미치는 영향 ································ 97

〈표 4-10〉 경찰부패 요인이 경찰 충동성에 미치는 영향 ···························· 99

〈표 4-11〉 경찰부패 요인이 경찰 금품수수에 미치는 영향 ························ 101

〈표 4-12〉 조직 문화적 요인이 경찰부패인식에 미치는 영향 ······················ 103

〈표 4-13〉 조직 문화적 요인이 경찰 탐욕에 미치는 영향 ·························· 106

〈표 4-14〉 조직 문화적 요인이 경찰 충동성에 미치는 영향 ···················· 108

〈표 4-15〉 조직 문화적 요인이 경찰 금품수수에 미치는 영향 ···················· 110

〈표 4-16〉 법제도적 요인이 경찰부패인식에 미치는 영향 ························· 112

〈표 4-17〉 법제도적 요인이 경찰 탐욕에 미치는 영향 ···························· 113

〈표 4-18〉 법제도적 요인이 경찰 충동성에 미치는 영향 ························· 115

〈표 4-19〉 법제도적 요인이 경찰 금품수수에 미치는 영향 ······················· 117

〈표 4-20〉 경찰부패인식에 대한 인구사회학적 특성 간 차이 ···················· 119

〈표 4-21〉 개인적 요인(부패의미 기준)에 대한 인구사회학적 특성 간 차이 ··········· 121

〈표 4-22〉 개인적 요인(경찰부패요인)에 대한 인구사회학적 특성 간 차이 ··········· 123

〈표 4-23〉 조직 문화적 요인에 대한 인구사회학적 특성 간 차이 ················ 125

〈표 4-24〉 법제도적 요인에 대한 인구사회학적 특성 간 차이 ···················· 127

〈표 4-25〉 부패의미 차이비교 ···································· 130

〈표 4-26〉 개인적 요인 연구가설 차이 ································ 131

〈표 4-27〉 조직 문화적 차이비교 ··································· 133

〈표 4-28〉 법제도적 차이비교 ····································· 135

〈표 4-29〉 인구사회학적 차이비교 ·································· 136

그림제목

〈그림 3-1〉 연구 모형 ··· 66

제1장

서론

연구의 목적

오늘날 자본주의 사회는 시장경제의 위력 속에서 놀라운 발전을 이룩하였으며 체제 자체에 대한 자신감과 확신을 가져다주었으나, 한편으로는 우리에게 상품화의 문제를 남기고 있다. 생산과정에서의 소외는 인간성의 상실, 즉 물화(reification)를 가져왔으며 사회 전체적으로 금권만능 사상이 지배하게 되었다. 금권만능사상은 관료제 내에도 뿌리 깊게 자리 잡고 있으며, 뇌물수수 등을 통하여 사부문에 대한 지대추구행위를 조장하도록 하고 있다. 물론 탈 상품화와 탈 금권만능 사상의 문제는 체제 자체의 구조적 문제임은 분명하지만, 뇌물수수와 공직을 이용한 부패 등의 일탈적 행정행태는 우리에게 공직윤리의 정립을 시급히 요구하고 있다(유종해 · 김택, 2010:13). 현대행정은 행정국가화됨에 따라 여러 가지 특징을 수반하게 된다. 가장 두드러진 특징으로는 행정기능의 양적 확대와 질적 변화, 공무원 수의 증가, 정부예산규모의 확대, 행정의 전문화 등으로 요약할 수 있을 것이다. 이와 같은 변화에 따라 국민생활의 거의 모든 분야에 대해 행정이 커다란 영향을 미치고 있다 해도 과언이 아니다.

따라서 공적 문제 해결의 주체로서 행정인은 공익의 실현자로서 자세를 확립해야 할 것이다. 왜냐하면 부정부패로 인해 행정 수혜자인 국민에게 직·간접적 피해가 귀속되는 것이며, 행정의 비능률 뿐 아니라 국가자원의 낭비를 초래하고 공공부문에 대한 국민의 신뢰를 떨어뜨려 정당성 위기를 초래할 수 있기 때문이다(유종해·김택, 2010:12).

특히 공직부패는 우리나라만의 문제가 아니라 세계적인 이슈로서 부패병을 앓고 있다. 국제연합이나 OECD도 반부패라운드와 반부패 협정으로 국가 간의 뇌물문제를 더 이상 용인하지 않고 있는 실정이다. 반부패 국제행정은 국가발전과 국가경쟁력을 강화하고 확보하는 중요한 과제라고 보고 있다. 해방 후 이승만 정권부터 박근혜 정부까지 우리사회는 공직 부정부패로 역사적 오명을 남겼는데 그동안 역대 정부는 나름대로 반부패정책과 법률로 부패를 줄이고자 노력해 왔지만 성공하지 못했다. 2014년 국제투명성협회가 발표한 우리나라의 청렴지수는 전 세계 177개국 중 46위를 차지했다. 당시 인식도는 55점이다. 2020년도 국가별 부패인식지수(CPI)에서 우리나라는 100점 만점에 61점을 받아 180개국 중 33위를 차지했는데 이는 정부의 반부패 개혁노력이 긍정적 영향을 미친 것으로 보인다(국민권익위원회, 2021). 20년이 흘렀지만 인식도는 아직도 40점에서 60점 대를 유지하고 있다. OECD에도 가입한 나라로서 세계 열한 번째의 경제대국으로서 부패오염국으로 인식된다는 것은 국가위신이나 신인도 측면에서 문제라고 볼 수 있다. 원래 부패라는 용어는 성경에도 나온다. 창세기부터 나타난 부패(corruption)라는 용어는 라틴어 corrumpere에서 유래됐는데 '썩어 공멸하다, 함께 망하다' 라는 의미를 지니고 있다. 인간이 생존하는 한 부패는 사라지지 않을뿐더러 나라도 망하게 한다고 한다. 부패는 행정결정이 금전으로 좌우되어 업무처리가 지연되고 공무원의 공정성을 상실한다고 본다 (Bayley, 1966; 김영종, 1988 재인용).

지난 1945년 10월 미 군정청에 경찰국이 창설되면서 국립경찰의 모태가 된 한국경찰은 국가 안보와 치안 유지에 많은 기여와 역할을 해온 것이 사실이다. 민중의 파수꾼이자 거리의 재판관이라고 일컫는 경찰조직은 신뢰와 공권력의 상징이고 지역주민의 경찰(community policing)을 구현하는 기능을 담당하고 있다.

그러나 최근 전직 경찰청장을 비롯한 경찰수뇌부, 경찰간부, 일선 경찰관들의 부패로 인하여 국민들의 불신을 가중시키고 있고 경찰 청렴의 이미지가 추락하고 있다고 본다. 국가치안을 담당하는 경찰관들은 평소 윤리관으로 무장하고 처신을 잘하도록 노력하여야 한다. 경찰공직자가 공복으로서 그 역할을 다하지 못한다면 경찰에 대한 국민의 불신이 가중되고 나라의 경찰서비스와 윤리도 존재하지 않는다는 사실을 알아야 할 것이다(김택, 2015). 그동안 경찰부패를 연구할 때 경찰청이나 국가권익위원회의 청렴도 측정치를 인용하거나 정부부처별 징계 통계치를 단순 비교분석하는 점이 문제라고 볼 수 있다. 2015년 국민권익위원회가 발표한 공공기관 청렴도 측정결과 경찰의 부패도는 종합 3위이다. 외부청렴도는 7.60으로 3등급이다. 경찰내부청렴도는 2등급으로서 8.23이라고 한다. 정책고객평가는 6.59로 3등급의 저조한 결과를 갖고 있다(국민권익위원회, 2015). 이와 같이 차이가 있는 이유는 경찰부패의 요인이나 영향이 특정 항목을 가지고 전화 조사하고 있다는 것이다. 그러나 질문자와 응답자간 신뢰성과 비밀유지가 떨어지고 있고 일관성 있는 조사가 미흡하다고 본다. 특히 경찰서비스나 친절에 불만을 품은 민원인의 전화설문은 객관적인 조사 분석을 기대하기 어렵다. 따라서 실증적이질 못하고 기관별 청렴도 순위를 정하는 것은 부패 인식정도를 규명하는데 한계에 봉착한다고 볼 수 있다. 이러한 점에 유의하여 경찰부패의 요인과 인식을 살펴보고 경찰부패의 그 유의성과 차이점을 살펴보고자 한다. 또한 그동안 정부나 경찰청에서 부패통제를 위한 반부패 통제정책은 부처의 특수성이나 조직문화, 조직의 구성원 등을 무시한 획일적이고 천편일률적인 정책을 시행하여 정책의 효과성이 떨어져 경찰청렴도가 하위에 머무르곤 하였다. 2010년에서 2015년까지 국민권익위원회의 청렴도 조사에서 경찰의 청렴도는 2등급내지 3등급으로 이에 대한 경찰의 대책 방안도 일선경찰관들에게는 효율적이지 못하고 적실성이 뒤떨어진다는 평가라고 볼 수 있다(국민권익위원회, 2015).

　이 같은 점에 입각하여 본 연구는 기존 선행연구가 경찰관에만 설문조사를 한 것에서 탈피하여 시민을 중심으로 인식도를 분석하여 그 차이점을 분석하였다. 첫째, 경찰부패의 원인을 분석함에 있어 시민들의 인식이 무엇인지 고찰하고자 한다. 기존 국가기관이나 조사기관의 경찰부패도 조사는 전화설문조사에 국한한다든지 경찰친절이나 고객만족도 수준을 조사하는 형태로서 그 신뢰성에 다소 의문이 있었던 부분을 극복하고자 한다. 둘째, 부패의 특성을 개인별인식, 법제도적 측면, 환경이나 조직 문화적 요인으로 나누어 그 원인을 분석하였다. 시민들이 경찰의 법제도나 재량권, 조직문화를 모르는 상황에서 조사한다면 다소 객관성이 떨어질 수 있지만 국민권익위원회나 경찰청의 조사내용과의 차이나 유의한 점이 있는지를 구별하고자 한다. 셋째, 시민의 부패인식의 신뢰성과 일관성을 유지하고자 노력하였다. 이를 위해 본 연구는 피조사자의 대상이 중요하다고 보고 대학생을 중심으로 설문 항목을 조사하였고 이를 바탕으로 분석하고 비교하여 가설을 검증하였다. 본 연구는 이와 같은 연구 필요성에 입각하여 경찰부패문제를 실증적으로 분석하였디. 특히 경찰부패의 요인인 대민접촉분야비리, 청탁알선비리는 계속 발생하고 있으므로 이점에 유의하여 시민들의 인식도를 검증하였다. 경찰은 법을 집행하고 공공에 대한 위험을 방지하고 시민의 권리를 보호하는 임무를 띠지만 매년 국민권익위원회의 공공기관 청렴도 인식조사를 보면 부정과 부패의 기회가 만연하고 도덕적으로나 윤리적으로 그 청렴도가 타 행정기관에 비해 상당히 떨어져 국민들의 비판이 심각한 상태이다. 그 이유는 경찰조직이 동료를 고발하지 않고 보호한다든지, 근무행위 중 일어난 부정비리를 비밀로 덮어둔다든지 하는 행위가 만연하고 있다거나 또한 조직상하간의 불신으로 경찰부패통제가 어렵다고 하는 주장이 제기되고 있는데 이와 같은 측면이 어느 정도 신뢰할 수 있는지 조사하지 않을 수 없다는 면이 있다. 이와 같은 측면에서 시민들의 경찰부패 시각을 분석하고자 한다. 이와 같은 연구는 반부패 청렴도 제고방안을 마련하는 데 일조할 수 있다고 본다. 본 연구는 경찰공무원의 부패문제를 시민들의 관점에서 인식함과 함께 국민의 경찰의 불신을 초래하는 원인이 무엇인지를 분석하고 원인분석에 기초를 둔 정부의 반부패정책이나 청렴정책의 기준을 제시하는데 목적이 있다. 이를 위해 일반 시민들의 인식과 부패요인을 분석하고 그 의미와 대책을 고찰하고자 하는 것이 연구 목적이라고 할 수 있다.

제2절
연구범위와 방법

1. 연구의 범위

본 연구는 부패 중에서도 가장 중요하고 주축이 된다고 볼 수 있는 경찰부패의 요인분석에 초점을 두었다. 경찰부패의 원인과 방지방안을 연구함에 있어서 여타 공무원 부패들처럼 유형이나 실태를 다면적이고 실증적으로 고찰하고 부패의 유착관계도 분석해야하지만 본 연구는 경찰부패의 원인에 국한해서 조명하였다. 본 연구의 연구범위와 연구중심은 다음과 같다. 첫째, 경찰부패의 발생요인이 무엇인지 실효성 있는 검증을 하고자 하며 이를 위해 경찰을 바라보는 시민의 부패인식이 어떠한지를 분석하였다.

둘째, 부패의 속성은 다양하고 발견하기가 어렵기 때문에 '무엇을 경찰부패로 인식하는가'라는 부패인식에 영향을 미치는 제 요인에 대하여 분석하였다.

셋째, 우리나라 경찰부패문제를 다룸에 있어 일반 시민들의 부패인식과 요인의 차이와 의미를 통해 경찰반부패 정책의 방향을 제시하고자 하며 이를 위해 실증 분석하였다.

2. 연구의 방법

본 연구의 모형을 적용하여 적실성 있고 유의미한 방안을 마련함으로써 정책적 실사구시의 발전을 모색할 수 있다고 본다. 주요 연구방법은 다음과 같다.

첫째, 먼저 부패 관련 문헌연구를 통해 부패문제의 내용을 분석하고자 한다. 경찰부패만이 아니라 일반 행정부패, 권력 부패, 정경 유착 관련 논문 그리고 정부보고서 등을 중심으로 분석하여 다양한 관점을 통해 경찰부패의 속성을 분석하고자 한다. 둘째, 외국의 경찰부패이론과 경찰통제 방안 등을 분석하여 연구의 기초를 고찰하였다. 외국이론은 기존의 한국학자가 번역한 자료와 연구자가 번역한 것을 비교하여 검토하였다.

셋째, 경찰공무원들의 부패요인 분석을 살펴보기 위하여 500명의 시민들을 대상으로 설문조사를 실시하고 부패요인과 부패인식도를 분석하였다. 정부부처 및 연구기관에서 실태 조사한 결과를 분석하고 저자가 그동안 관료부패연구와 국무총리, 감사원, 국민권익위원회, 경찰청의 관계자의 자문 및 인터뷰한 결과를 통해 경찰부패의 원인을 살펴보고 이를 기초로 설문 조사를 실시했으며, 통계를 분석하였다.

넷째, 자료처리 및 분석방법은 SPSS 프로그램을 이용하여 t-검정(independent samples t-test), 일원분산분석(one-way anova), 다중회귀분석(multiple regression)방법을 적용, 실시하였다.

이와 같은 연구방법을 토대로 하여서 시민의 경찰부패의 요인과 인식을 분석하고 바람직한 경찰 반부패 정책방안을 제시하고자 한다.

제2장

연구의
이론적 배경

경찰 부패

1. 개념과 유형

가. 개념

특정한 문제의 연구나 조사에 있어 주요한 요소의 개념화는 연구하고자 하는 목적을 달성함에 있어서 가장 중요한 일의 하나이다(김해동, 1991). 명확한 개념정의는 용어의 논리성이나 타당성을 높여 주는 중요한 역할을 하기 때문이다. 따라서 개념을 규정하는 일이 연구의 출발점임은 말할 필요도 없다(김광웅, 1987). 관료부패(bureaucratic corruption)의 현상이 특정 국가·사회의 정치제도, 국민의 가치관 내지는 도덕성 그리고 사회적 경향을 반영하는 것이므로 부패의 개념에 대한 학자들의 견해는 매우 다양하며, 통일적인 개념 정의가 이루어지지 못하여 왔다. 부패, 뇌물의 역사는 구약시대부터 시작되어 성경에 나오는 창녀와 함께 가장 오랜 역사를 지닌다고 한다. 로마 제국시 Corrupt(부패시키다. 타락하다) 라는 말은 「여인을 유혹해 육체를 탐하다」와 「관료에게 돈을 바치다」의 두 가지 뜻으로 개념 지워졌다. 부패의 영어 어원 Corruption 은 라틴어 coruptus에서 Cor(함께)라는 단어와 Rupt(파멸하다)라는 단어로 이루어졌는데 즉 공멸한다는 의미를 내포하고 있다고 볼 수 있다. 결국 부패라는 개념은 깨끗하지 못하고 더럽고 추악한 것으로 결국은 파멸에 이른다고 정의 할 수 있다. 공무원부패의 부패 현상이 특정 국가·사회의 정치제도, 국민의 가치관 내지는 도덕성 그리고 사회적 경향을 반영하는 것이므로(Scott, 1972) 부패의 개념에 대한 연구자들의 견해는 매우 다양하며, 통일적인 개념정의가 이루어지지 못하여 왔다. 특히 관료부패보다 경찰부패 연구가 미약하여 이에 대한 개념정립이 이루어지지 못했다. 그래서 본 연구는 그간 정의된 공무원부패을 토대로 경찰부패 개념을 추론하고자 한다.

첫째, 경찰관의 공적직무의 전념이라는 측면에서 정의할 수 있다. 이는 금전이나 지위 획득 혹은 영향력의 확대나 사적 이득을 위해 법적·공공의 의무 규범에서 일탈하는 것을 말하는 것으로서 Bayley(1966)의 정의가 이에 속한다. Bayley(1966)는 부패를 특히 뇌물 수수 행위와 관련해서 이익에 치중한 나머지 공권력을 오용(misuse)하는 행위를 총칭하는 개념으로 파악하였다(Bayley, 1966). 이 경우 경찰공무원이 공무원으로서 자신의 지위를 이용하여 권한을 남용할 때 발생하는데 경찰공무원이 자신의 지위와 신분을 이용하여 시민으로부터 뇌물을 받는다든지 뇌물을 내놓으라고 강제적으로 압력을 행사하는 경우이다.

둘째, 경업유착 구조의 정의이다. 시장이론을 기초로 한 경제학자들은 관료제가 경제에 대하여 광범위한 조정자의 역할을 수행하면서 공공의 이익을 분배함에 있어서(김영종, 1996). 부패 공무원이 자신의 지위를 개인의 이익을 극대화하는 수단으로 생각할 때 부패가 발생한다고 볼 수 있다(Tilman,1968). 예를 들어 유흥업을 경영하는 업주와 유착하여 금품이나 향응을 대접받는 경우이다. 이때 업자는 세금을 탈세하게 마련이고 경찰의 보호나 묵인아래 불법영업을 통한 막대한 검은 돈을 조성하여 건전한 시장경제가 아니라 지하경제로 변질되게 한다. 최근 경찰부패가 과거 생계형비리(petty corruption)에서 축재형(蓄財型)으로 변질되는 경우가 개인의 이익을 극대화하는 수단의 예라고 볼 수 있다.

셋째, 경찰관이 공익보다 사익을 우선시 하는 개인적 특성의 정의이다. **Carl Friedrich, Arnold A. Rogow, H. D. Lasswell**(김영종, 1996 재인용)이 대표적인 학자인데, 공무원의 범죄와 부패는 국민들의 다수의 이익과 행복을 위하여 노력하여야 할 공직자들이 그들의 공익적 책임을 위반하여 사익을 추구함으로써 파생하는 일탈이라 한다. 경찰공무원은 공공의 이익과 사회적 안녕에 최우선을 두어야 하지만 경찰업무상 재량행사의 여지가 많다. 특히 수사 분야와 교통사고 조사시 경찰관 개인의 재량권으로 인하여 수사방향이 달라질 수 있기 때문에 시민들은 부패의 미끼를 던지고 경찰공무원도 뇌물관행에 오염되는 경우이다.

넷째, 제도적 접근설로서 공무원 범죄와 부패는 주로 후진국가나 개발도상국가에서 발생하는 제도적 취약성이나 사회적 기강의 해이의 결과적 부산물이라고 **Myrdal**(1968)이 주장하고 있다. 영국이나 미국 그리고 일본의 경찰이 후진국이나 개발도상국가에 비해 부패의 오염이 덜하다는 것은 경찰제도가 보다 합리적이고 투명한 조직체계에 기인한다고 볼 수 있다.

형사법적 관점에서 경찰공무원범죄와 부패는 범죄성립요소인 행위의 구성요건 해당성, 위법성 그리고 책임성이라는 측면에서 이해할 수 있다. 국가가 보호하는 사회생활의 이익 가치를 침해하는 반사회적 행위를 의미한다. 현행 형법 7장에는 공무원의 직무에 관한 죄로서 제122조(직무유기죄)에서 133조(증뢰물전달죄)에 이르기까지 상당히 광범위하게 규정하고 있다. 특히, 수뢰·횡령·사기·절도·직권남용·직무유기 등으로서 공무원들이 그들의 직무수행과정에서 발생하는 범죄라고 말한다. 이상과 같이 부패가 갖는 다양하고 복합적인 속성 때문에 경찰부패를 단일한 개념으로 일반화된 정의를 찾기는 어렵다고 할 것이다. 경찰부패 현상은 복합적이고 다면적 현상이며 주관과 객관의 세계가 혼합된 행정 현상이며, 경찰제도·경찰공무원 그리고 경찰의 특수한 문화적 환경의 주요 변수의 부적응에서 발생되는 일탈 행위이다. 따라서 부패 문제를 통합적 시각에서 개념 정립화하여야 한다는 시각도 있다(김영종, 1988).

따라서 경찰부패는 "法을 집행하는 경찰관들이 법규를 남용하거나 재량권을 일탈하여 부정한 방법으로 재화 가치를 획득하거나 수수하는 행태"라고 본 연구자는 정의하고자 한다. 그리고 이와 같은 부정부패가 성립되기 위한 요건으로는 권한의 남용이 의도적이어야 하며 특정인에 귀속되는 사적 이익 또는 불이익이 있어야 하고 특정한 사적 이익 또는 불이익이 권한의 활용과 직·간접적으로 연결되어야 한다.(김택, 1999)

나. 유형

부정부패는 그 기준에 따라 다양한 방식으로 분류될 수 있다. 첫째로 그 정도에 따라 백색부패(사소한 부패, white corruption), 회색부패(일반적 부패, gray corruption) 그리고 흑색부패(총체적 부패, black corruption) 등으로 나눌 수 있다

(Heidenheimer, 2003)). 둘째로 주체가 누구냐에 따라 또는 부패의 영역이 어디냐에 따라 관료부패 · 정치부패 · 기업부패 · 언론부패 등으로 나눌 수 있다. 셋째로 부패의 범위와 거래방식에 따라 거래유착식(transactive) 부패와 권력강압식(extortive) 부패로 나눌 수도 있다(Alatas 1990: Kaufman 1997). 넷째로 부정부패의 내용에 따라 독직행위, 뇌물수수행위, 공금횡령행위, 그리고 족벌주의와 연고주의를 들 수 있다(김영종,1996).

여기서는 여러 학자들이 제시한 부패의 각 유형들을 소개하고자 한다.

첫째, 부패의 주체가 개인이나 조직이냐에 따라 개인적 부패와 조직적 부패로 구분할 수 있는데, 조직적 부패가 발생되는 경우 조직내부의 규칙은 조직목표를 달성하는 데에 필요한 표준적 형태가 되지 못하고 조직 내의 질서가 혼란스럽게 된다는 점에서 그 심각성이 강조된다.

둘째, 부패행위의 주체가 관료제상 어떤 직위를 차지하는가에 따라서 권력부패(grand corruption)와 생계형 부패(petty corruption)로 구분할 수 있다. 고위층 관료는 의원들과 결탁한다든지 재벌기업과의 유착을 통해 부패행위를 하게 되는데 이러한 그들의 행동이 결국 입법적 결정에 나쁜 영향을 미치게 되는 것이다. 이러한 고위층 부패행위는 은밀히 진행되는 까닭에 그 정도의 심각성과 규모의 방대함에도 불구하고 일반인들이 감지하기가 매우 힘들다(김영종,1996).

셋째, 부패의 다양한 형태를 이해관계의 유형과 공급자의 수에 따라 시장부패(market corruption), 후원조직(patronage organization), 연고주의(nepotism), 위기시 부패(crisis corruption)의 네 가지로 유형화 할 수 있다(김영종, 1996).

넷째, 행정자치부의 공무원 비위유형은 다음과 같다(경찰청,2011).

-복무규정위배

-품위손상

-비밀누설

-공문서 위조 및 변조

-직원남용

-직무유기 및 태만행위

-감독불충분

-공금유용행위

-공금횡령행위

-증수뢰

다섯째, 연결망이론을 통한 부패유형인데 부패공직자와 민원인과의 연결고리가 복잡하게 얽힌 경찰부패를 해결하기 위해서는 경찰부패의 원인과 상황, 유형을 분석하는 것이 필요하다고 주장한다. 이를 위해 부패 유발자와 부패가담자의 연결 관계를 분석하고 부패 포섭대상자의 관계를 규명하는 것이 필요하다고 본다. 이와 함께 부패 유형과 사례의 속성과 규모를 분석하는 방안을 강구해야 한다. 이를 위해 Network theory를 통해 부패 유형을 분류하는 것이 필요하다고 본다. 일반적으로 가족 간의 연대는 강하고 오래 가며(strong and long ties), 친척, 동향 등과의 관계는 약하지만 오래 간다(weak but long ties)이다(이재열, 1998).

2. 원인

부패가 갖는 다양하고 복합적인 속성 때문에 경찰부패를 단일한 개념으로 일반화된 정의를 찾기는 어렵다고 할 것이다. 경찰부패 현상은 복합적이고 다면적 현상이며 주관과 객관의 세계가 혼합된 행정 현상이며, 경찰 제도 · 경찰공무원 그리고 경찰의 특수한 문화적 환경의 주요 변수의 부적 응에서 발생되는 일탈 행위이다. 따라서 부패 문제를 통합적 시각에서 개념 정립화하여야 한다는 시각도 있다(김영종, 1996). 부정부패가 성립되기 위한 요건으로는 권한의 남용이 의도적이어야 하며 특정인에 귀속되는 사적 이익 또는 불이익이 있어야 하고 특정한 사적 이익 또는 불이익이 권한의 활용과 직 · 간접적으로 연결되어야 한다.(김택, 2015)

Delattre(2002)는 경찰부패의 원인을 전체사회가설, 구조적원인, 썩은 사과이론, 윤리적 냉소주의가 있다고 주장한다. 조철옥(2012) 연구를 중심으로 살펴보면 다음과 같다.

먼저 전체사회가설이다. 사회전체가 부패를 용인한다거나 부패문화로 인하여 사회전체가 부패하게 되며 부패를 묵인한다든지 조장할 때 자연스럽게 부패행위를 하게 된다고 한다. 1960년대 시카고 경찰청장 Wilson은 시민들이 작은 대가를 치르고 받는 대우는 범죄인들과 조직들이 더 큰 액수를 주고서 사는 특별한 대우와 마찬가지로 나쁜 것이라고 하면서 작은 호의가 부패현상으로 발전한다고 주장했다(조철옥, 2012). 전체사회가설과 유사한 것으로서 "미끄러지기 쉬운 경사로" 논증이 있는데 사소한 행위가 점차적으로 큰 부패로 이어지며 작은 호의의 수용은 경사로 위에 행위자를 올려놓는 것과 같이 미끄러지듯 빠진다는 이론이다(조철옥, 2012: 398).

구조적 원인으로 대표적인 학자는 Niederhoffer와, Roebuck이 있다. Niederhoffer(1967)는 신참 경찰관이 나이든 경찰관의 뇌물부패에 세뇌된다고 보았고, Roebuck은 경찰부패는 각 경찰관이 저지르는 것이 아니라 조직의 모순과 규범의 일탈로 비롯된다고 보았다(조철옥, 2012: 399). 그리고 썩은 사과가설은 자질이 부족한 경찰관이 경찰관이 됨으로써 부패를 저지르게 되며, 이러한 자질을 가진 경찰관은 모집과정에서부터 배제되어야 한다고 주장한다. 이 이론은 개인에게만 부패원인을 찾으려는 문제점이 있다(조철옥,2012:400). 점진적 흑화가설은 경찰조직부패의 특징인 의리주의나, 정리주의가 지나쳐 경찰부패발생시 경찰징계가 경징계나 사면 복권 등으로 다시 비리경찰관이 조직에 복귀하게 되어 경찰부패가 내부통제의 문제점과 사면제도 탓으로 인하여 모든 경찰이 점진적으로 검은 부패 고리로 나타난다고 보았다(조철옥, 2005: 397-412;최상일: 136)

그런데 연성진(1999)의 연구에 의하면 경찰의 부패는 경찰조직 및 업무의 특수성에서 비롯된다고 인식되고 있다고 한다. 문제는 이러한 부패문제를 개인적 특성의 문제로 파악할 것인가 하는 점이다. 1970년 뉴욕경찰부패를 조사한 「Knapp 위원회」는 부패문제를 소위 '썩은 사과이론'으로 설명하려는 것은 잘못이었다고 결론지었다(Whitman Knapp,1970). 부패는 도덕적으로 문제 있는 소수의 사람들이 다른 사람들까지 부패시키기 때문이 아니고, 그것은 바로 구조의 결과라는 것이다. 즉, 불법적 행위에 대한 보상이 합법적 행위에 따른 보상보다 더 크게 나타나는 상황에 경찰이 처하게 된 구조적 결함 때문이다. 거기에서는 부적절한 행위를 인식하고 고발하고자 하는 동기와 메커니즘이 매우 약하거나 아예 존재하지 않는다고 한다.

이 위원회에서는 무엇보다 부패행위를 근절하기 위해서는 경찰조직의 전근대성과 관료주의를 타파하고, 부패 조장 적이거나 부패통제에 무기력한 제도 및 운영상의 문제점을 개혁하여 조직의 유인체계를 합리화함으로써, 부패저항력을 강화해야 한다고 보았다(연성진, 1999).

3. 기능

Werner(1983)는 관료부패의 연구방법에 대한 논의를 하면서, 1960년 대의 연구경향을 기능주의라 하고, 1970년대의 그것을 후기기능주의(post functionalism)라 하여, 관료부패가 갖는 영향 또는 기능에 대해 논하였다. 여기서 그는 기능주의자들에 있어서의 부패는 국가의 성숙과정에 있어서의 자기파괴적(self destruction) 현상으로 파악하여, 이들이 갖는 순기능과 역기능을 지적하였다(김영종, 1996 재인용).

먼저 순기능 측면을 고찰하면 다음과 같다. 개발도상국가의 부패행태를 규범적 · 역사적 맥락에서 분석한 Expo(1979, 김영종 재인용)는, 개발도상국의 권력은 특정 시점에 있어 정치권력을 장악한 극소수의 독점물인데, 이러한 나라에서의 관료부패는 국가발전에 기여할 수도 있다고 보았다. 즉 그는 관료부패는 관료적 red-tape나 경직성을 줄이는 기능을 담당한다고 주장하였다. 그리고 Nye(1967, 김영종 재인용)는 관료부패의 순기능과 역기능을 비용 - 편익의 분석시각에서 논하면서, 부패가 국민통합과 정부의 능력분야에서는 긍정적인 역할을 한다고 주장하였다. 그 외에 특히 개발도상국가에서의 관료부패의 순기능적 역할로 지적되는 것으로서, 경제적 선택의 폭을 넓히는 경제적 시장의 형성과 시민과 관료를 통합시키는 기능, 정당형성과 제도화, 행정부의 경직성 완화, 자발적 단체나 이익집단의 존속 등이 지적되었다. 우리나라의 경우에도 해방 후 자본축적과정에서 관료의 부패는 일시적인 도움을 주었다고 평가하는 사람들도 있다. 이와 관련 Tilman(1979)은 부패는 저개발 국가나 발전 도상 국가들의 경제발전에 기여한다. 따라서 이 나라들에서는 정부의 통제로 인해 시장이 자유롭게 작동될 수 없게 되어 있기 때문에 경제적 생산성이 서구에 비해 상당히 낮다고 하면서 "부정부패는 정부주도 경제체제하에서도 시장 메커니즘이 작동할 수 있게 해주는 역할을 한다고 주장하였다(김영종,1996 재인용).

다음으로 역기능의 측면을 보자. 위와 같은 순기능적 주장에 대해서 가장 신랄한 비판을 한 학자는 Myrdal이다(김영종,1996). 스웨덴의 군나르 뮈르달은 남아시아의 빈곤에 대한 10년간의 연구결과를 담은 '아시아 드라마'로 1974년 노벨 경제학상을 받았다. 이 연구에서 Myrdal은 빈곤의 원인으로 인구과잉이나 자원 부족 등 지금까지 논의돼오던 경제적 요인 말고도 부패가 경제발전에 미치는 영향을 경제학자로서는 처음으로 깊고 심각하게 다뤘다. 그는 경제개발에 있어서 경제적이고 수량적인 접근도 중요하지만 이에 못지않게 발전을 저해하며 저지하고 있는 비경제적인 요인에 대한 연구도 중요하다고 주장했다. 그는 기능론 자들의 증명되지 않는 가정들은 오류라고 지적하고 오히려 국가발전의 저해요소라고 주장한다. 그는 아시아지역 국가 저발전의 원인으로서 관료부패를 첫 번째로 꼽고 있다. 또한 Bayley(1966)는 부패의 역기능으로서 다양한 계층에 대한 객관적 정치지도가 불가능하게 되고, 생산적 노력의 상실과 공신력의 감퇴, 개인의 이기심을 채우기 위한 부정한 방법의 횡행, 정부의 신뢰성과 권위의 추락과 국가들의 불신감 증대, 도덕적 윤리적 기준의 쇠퇴, 행정업무(administrative services)의 부진과 행정가격(price of administration)의 상승, 행정의 업무가 인간의 필요에 의한 결정대신 화폐에 의하여 결정되므로 불공정한 행정공급의 성립이 되기 쉽다는 점이다. 이와 같이 부패가 초래하는 또 하나의 해악은 그것이 정책목표를 왜곡 또는 축소시킨다는 사실이다(김영종,1996 재인용).

제2절
한국의 경찰부패 실태와 통제

1. 실태

경찰부패는 지역사회와 정부를 부식시키고 국민과 정부간의 불신을 낳게 하고 전반적인 공공신뢰의 결여가 발생한다고 한다(Lyman, 2002:224; 박상주 2006 재인용). 경찰부패는 부도덕성의 상징이고 경찰의 사기를 떨어뜨리고 경찰관과 시민을 상호간에 위선자로 여기게 하고 시민의 냉소주의를 조장하며, 사회질서를 혼란케 한다고 본다(박상주, 2006).

경찰부패는 과거부터 현재에 이르기까지(1994-2015) 획기적으로 개선된 것이 별로 없는 상황이다. 1994년에 발간된 경찰통계연보에 의하면 1993년 경찰의 전체 징계자는 2,398명이이었고 1994년에는 2,322명이 금품수수 직권남용 위신실추 등으로 징계조치를 받은 것으로 나타났다. 또한 1995년 행정자치부가 발표한 공직자 비리 중 경찰공무원 1,486명이 징계를 받은 것으로 나타났다. 〈표 2-1〉의 2012년 경찰백서의 내용을 보면 2009년 경찰관의 징계가 전체 1,169명을 차지하고 있고 경위, 경사계급이 가장 많이 차지하고 있다. 또한 2011년에는 전체 1,256건 중 경위, 경사가 다수를 점하고 있다(김택, 2015).

〈표 2-1〉 경찰공무원 징계현황

	계	계급별						
		총경이상	경정	경감	경위	경사	경장	순경
2009	1169	6	32	44	384	511	155	37
2010	1154	7	15	56	339	500	181	56
2011	1256	11	18	69	429	429	192	68

출처: 2012년 경찰백서. pp363-365

경찰부패 유형은 금품수수뿐만 아니라 다양하게 나타나고 있다. 〈표 2-2〉의 경찰부패 유형을 보면 직무태만과 근무규율 위반으로 징계를 받았는데 금품수수도 2009년 178건, 2011년 100건을 차지하고 있다.

〈표 2-2〉 경찰부패 유형

연도	유형별					조치별					
	금품수수	부당처리	직무태만	품위손상	규율위반	파면	해임	강등	정직	감봉	견책
2009	178	12	236	286	461	150	174	2	209	237	397
2010	94	5	319	256	480	104	101	7	171	246	525
2011	100	5	365	320	466	87	116	28	196	312	517

출처: 2012년 경찰백서: 363-365

2013년 한국행정연구원 공직부패 조사에서 우리나라 일반기업인과 자영업자 등 1,000여 명은 정치인이 가장 부패한 집단이라고 응답했는데

〈표 2-3〉 경찰부패도 69%를 차지하고 있다.

〈표 2-3〉 정부부문부패실태조사: 기업인이 생각하는 공직분야 부정부패

분야	심한 정도(%)
정치인	91.9
고위공직자	82.6
법조인	78.0
건축 건설공무원	71.5
세무공무원	69.9
경찰관	69.4
조달 발주공무원	65.1
공기업임직원	59.5
식품위생공무원	53.1
교육공무원	48.7
관세공무원	45.0
보건 의료공무원	40.4
군인	40.3
교정공무원	38.9
환경공무원	36.5
사회복지공무원	34.5
소방관	33.4

자료: 한국행정연구원, 정부부문부패실태조사. 2013

이와 같이 경찰부패사건은 상당하고 국민들도 이들이 저지른 부정부패에 대해 상당한 혐오감내지 불만을 인식하고 표출하고 있는 실정이다. 경찰의의 부정부패는 상당히 오랫동안 축적되어왔고 그들이 검은 커넥션이나 비리는 근절되지 못하고 있는데 이는 그들의 스스로 한국사회의 부패 집단화되어 구조적 부패 병에 오염되고 있는 실정이다. 이런 경찰부패 환경 하에서 개혁이나 처벌 법안을 마련해도 별로 개선효과가 없는 것은 당연하다고 본다.

우리나라 경찰부패에 대하여 최근 실시한 대학생들의 부패인식도조사를 보면 다음과 같다. 먼저 설문조사를 실시에 응답한 186명의 인식도 내용을 분석한 결과에 따르면 응답자의 95%가 '경찰 부패가 존재한다. 고 답하였다. 그리고 그 원인에 있어서는 28.6%가 구조적 요인을 지적하고 있다(김택, 2015).

〈표 2-4〉 대학생들의 경찰부패 인식조사 분석

경찰 부패 원인?	
개인의 탐욕과 욕심	43%
경찰부패를 용인하는 경찰조직사회적 풍토	26.3%
경찰의 재량권	3.2%
편의를 바라는 구조적 모순점	8.6%
경찰사회의 구조적 모순점	6%
불필요한 경찰규제	3.2%
인사 및 승진불만	20%
경찰부패존재?	
경찰부패가 존재하는가?	95%

자료출처: 김택, "대학생의 경찰부패인식조사" (2013년 10월)

　부패평가 관련 외국 전문기관들도 대체적으로 한국을 부패가 심각한 국가로 인식하고 있다. 국제투명성기구(TI)의 국가별 부패지수(CPI)가 하위권 수준으로 아시아권 경쟁국가 보다 낮은 부패한 국가군으로 분류했을 뿐만 아니라 뇌물 공여 국으로 평가하였다.〈표 2-5〉

　부패지수는 기업인과 외교관, 국가정책분석가들이 판단한 한나라의 공공영역 부패정도에 대한 인식도를 0점에서 10점으로 점수화하여 환산한 수치이며 점수가 높을수록 청렴하다고 보고 이와 반대로 점수가 하향일 때는 부패가 심각하다고 본다. 우리나라의 경제수준을 고려할 때 구매력평가

〈표 2-5〉 TI가 평가한 우리나라의 국가투명성지수 추이

연도	1997	1998	1999	2000	2001	2002	2003	2004	2006	2007	2008	2009	2010	2011	2012	2013	2014
부패지수	4.29	4.2	3.8	4.0	4.2	4.5	4.3	4.5	5.83	5.1	5.6	5.5	5.4	5.4	5.65	5.5	5.5
국별순위	34	43	50	48	42	40	50	47	21	43	40	39	39	43	45	45	43
조사대상국가수	52	85	99	90	91	102	133	146	30	180	180	180	178	183	176	177	175

출처: 국제투명성협회(2012)

기준(ppp) 1인당 GDP $15,000에 상응하는 부패인식도 지수는 25위 수준이다(김택, 2015).

오락실 영업행위, 윤락 포주와의 유착, 함바비리, 승진비리, 불륜 및 성범죄비리 등 다양한 부패 및 비리사건들이 발생하고 있는바, 이러한 경찰부패 현상은 경찰집단의 도덕적 해이와 직·간접으로 관련된 것으로 본다. 경찰 기강 해이의 원인은 국가권력의 사물화와 자기 목적화에서 비롯된다. 권력은 국리민복을 위한 수단인데 권력자체가 사익추구를 위한 자기목적이 되면서 공사의 구별이 흔들리기 마련이다. 이와 같은 경찰관들의 다양한 비리 유형은 자신의 개인적 이익을 위해 행동하고 공적인 집무집행을 사적 이윤추구의 연장으로 보고 있음을 보여준다(김택, 2015).

2. 원인

경찰부패의 원인은 여러 분야에서 찾을 수 있겠지만 본고에서는 경찰문

화, 경찰제도, 경찰조직윤리에 주안점을 두고자 한다.

가. 경찰 문화적 원인

우리사회에서 유교적인 규범문화의 전통은 오랫동안 지배적인 통치 이데올로기로서 확립되었다는 점이 중요하다. 유교문화의 실제적 행위 통제력은 물론 시대에 따라 집단에 따라 대상에 따라 다르게 나타날 것이다. 그러나 인간관계를 위계적으로 통제하고 합리화시키는 유교문화의 힘은 우리사회에서 매우 막강했다고 할 수 있다. 이 문화가 현대 한국 사회에서 경찰 권위주의의 등장을 한결 용이하게 했으리라는 점도 쉽게 수긍할 수 있을 것이다(한상진, 1988). 동양의 유교문화권 국가의 사회규범으로 가족주의와 의리중시주의 · 정실주의 등이 있다. 그 중 의리의식은 경찰사회에 커다란 영향을 미치고 있다.[1] 부패사건의 대소를 막론하고 많은 부패현상이 의리관계를 이용한 것들이다. 특히 경찰의 지나친 조직문화와 동료애를 강조하는 의리온정주의가 부패를 더욱 조장케 한다고 본다(김해동, 1978). 경찰의 동료애는 어떤 조직보다 강한 것으로 알려져 있는데 이것은 경찰하위문화를 통해서 경찰관들이 동료애를 형성시키고 유지하기 때문이라고 한다. 경찰하위문화는 경찰그룹 내부의 독특한 가치와 행동패턴이고 경찰관들은 경찰의 독특한 전통과 업무수행 때문에 고유한 나름대로의 문화를 형성시킨다고 한다. 이런 조직문화로 인하여 동료경찰관들의 비리행위를 용인 또

---

1   관료문화의 측면에서 관료행태에 끼친 영향과 그 철학적 기초를 이룬 유교문화에 대하여 Henderson 은 권위주의적 관료행태의 주요한 요인으로 보고 있으며 이러한 것은 관료부패의 주요 원인의 하나라고 지적한다. 김영종 교수는 최고 지도자들의 장기집권의 병폐와 카리스마적 leadership 또는 권력 남용으로 인한 역기능이 관료부패의 주요 변수라고 주장한다. Henderson, Gregory, Korea : The Politics of the Vortex Cambridge : Harvard university Press, 1968, p. 921

는 묵과하는 경우가 많고 동료경찰관과의 긴밀한 관계를 가진다고 볼 수 있다(윤일홍, 2009:6).

경찰의 폐쇄적이고 수직적인 의사체계라든지 경직된 경찰조직구조 덜 민주화된 명령 만능주의가 문제라고 볼 수 있다. 또한 경찰내부의 비밀우선주의와 상급기관의 무사안일한 행태도 부패를 발생케 할 수 있다.

우리나라는 연말연시 등 전통적 명절이나 관혼상제시의 '떡값' 명목이나 '촌지'의 행태로 부패친화적 문화가 남아있다. 이러한 행정문화에 바탕을 둔 관행이나 행태는 공무원과 경찰부패의 토양이 되어 있는 것이다. 또 전통적인 행정문화는 관존민비와 권력 지향적 가치관으로 공직자들의 의식구조를 지배하게 되고 권위주의적 경찰행태가 권력오용과 남용이란 결과를 가져와서 역시 부패의 좋은 서식처가 된다는 것이다(김영종, 1996:김해동,1978). 한국 관료의 병리적 행정행태와 관련하여 볼 때 무엇보다 중요한 행정행태는 우리나라에 있어서 고질적인 권력의 집중화 현상이다. 이것은 관료의 의식면에서 볼 때 한국 관료의 지나친 권력 소유 욕망으로 발생된 것이라 말할 수 있다(윤우곤, 1996:201-218). 이렇게 볼 때, 우리나라의 전통적인 부패 친화적 문화풍토는 오늘날까지의 행정부패와 경찰부패를 조장한 주된 사회문화적인 요인이 아닐 수 없다(김택, 1997).

나. 경찰제도적 원인

(1) 경찰의 규제

우리나라는 경제활동과 국민생활에 대한 官의 규제와 인·허가가 기업과 주민의 활동을 얽매고 있다. 기업과 주민은 관의 규제의 그물을 뚫어야 하고 그러기 위해서 손쉬운 뇌물공세에 호소하려는 유혹을 받게 된다(중앙일보, 1996). 문제는 규제의 단계마다 독점적인 권한을 가진 공무원들이 너무 많다는데 있다. 이들이 제각기 뇌물을 요구하다보면 기업이 부담하는 '추가세금'은 눈덩이처럼 불어난다. 각종 유흥업소의 풍속지도나 불법 탈법 시설을 단속하고 규제하는 경찰 공무원에게 있어 업자와의 관계는 부패라는 공생관계로 변질될 수 있다.경찰서나 파출소가 운영비란 명목으로 방범위원 관내유지 고물상 전당포 자동차정비업소 운수회사 주차장 병원 각종 유흥업소와 음식점등의 관내 대상 업소에 협조명목으로 매월 정기적인 금품을 요구하는데 이는 경찰의 규제권이 있기 때문에 가능하다(부정방지대책위, 1993). 경찰 규제가 많으면 상납과 같은 조직적인 부패구조가 탄생하는 것이다. 부패가 규제를 줄이는 효과가 있더라도 부패한 경찰공무원들은 더 많은 규제를 만들어 이를 상쇄해 버린다. 일반적으로 뇌물에 능한 업자는 공정의 룰을 준수하는 게 아니라 사회의 해악을 가져오더라도 탈법을 조장한다는 것이다.

법령 등에 의한 경찰 규제 기준이 철저하게 지켜질 수 있도록 기준의 설정을 현실화하여야 한다. 이상적인 기준을 설정할 경우 예산이나 인력이 뒷받침될 수 없다면 그 기준을 현실적 수준으로 맞추어야 한다. 또한 법규나 명령이 현실과 너무 유리될 때 부조리가 발생 하게 된다. 과거 경찰부패는 교통순경에 의해 발생했는데 예를 들어 경찰서 교통과의 경우 음주운전이나 교통사고 처리시 경찰관에게 찔러주는 뒷돈이 많았다고 한다(김일곤, 1996). 경찰의 교통단속규제가 부정소지가 많은 것은 과학적인 조사원칙과 공정성이 중시되어야 함에도 재량의 여지가 있기 때문이다(김택, 1997). 최근에는 교통비리보다는 인사승진비리,[2] 경찰수사와 관련한 비리, 알선청탁비리 등이 주로 발생한다고 한다.

(2) 경찰 공무원 보수 및 신분의 불안정

우선 보수면 에서 보면 경찰공무원에게 지급되는 보수 수준이 낮으면 부정이 야기되기 쉽다. 후진국 행정일수록 경찰의 보수는 최소한의 생계비에 미달하는 경우가 많다. 그래서 과거 우리나라는 생계형부패가 주종을 이루었다. 이런 상황에서 공무원은 부정에로의 유혹을 받기 쉬울 뿐만 아니라 부정과 연계되지 않는다 하더라도 보수수준의 민 · 관의 심각한 격차로 인하여 우수인력의 경찰에로의 유치가 어려워지고 경찰관의 자질이 떨어졌던 것이 사실이다. 경찰공무원의 사기저하로 경찰능률과 경찰서비스의 질이 저하되게 되어있다. 경찰청에 따르면 2010년도 1년 차 경찰의 평균 연봉은 2065만원으로 미국 위싱턴의 1년 차 경찰공무원이 받는 5107만원의 절반에도 미치지 못한다고 한다(동아일보, 2010).

---

[2] 국회 행정안전위원회 민주통합당 김민기 의원이 11일 경찰청으로부터 제출받은 자료를 분석한 결과에 따르면 최근 5년간 전국 지방청별 업소유착 비리관련 징계 경찰관 359명 중 189명이 서울경찰청 소속이었다. 이는 전체 업주유착 비리 징계건수의 52.6%로 두 번째로 많은 경기청 59건보다는 3배 이상, 그 뒤를 이은 부산(29건)과 경남(16건)보다는 최대 10배 이상 차이를 보였다. 업소유착 비리형태는 단란주점, 성매매소, 성인오락실 등 단속대상업주에게 금품수수, 단속정보 제공, 단속중단, 향응수수 등이 주를 이뤘다. 특히 업자에게 금품을 받았거나, 불법오락실 업주에게 단속정보를 흘린 경찰관에 대한 징계도 느슨한 것으로 나타났다. 출처: 국회행정안전위, 김민기의원 자료실, 2012.10.11 제주지방경찰청 전 · 현직 간부가 연루된 인사비리 의혹(본보 2015년 11월20일자 4면)이 검찰 수사 결과 사실로 드러났다. 제주지방검찰청은 전직 경찰서장 A씨(60)를 뇌물수수 혐의로, 현직 경찰간부 B씨(47)와 C씨(47), D씨(39) 등 3명을 뇌물공여 혐의로 불구속 기소했다고 31일 밝혔다. 검찰에 따르면 A씨는 경찰서장으로 근무하던 2009년 1월 B씨로부터 D씨를 승진 대상자로 선정해달라는 청탁을 받았고, 이후 D씨가 승진 대상자로 선정되자 B씨 등 3명으로부터 사례금 300만원과 18만원 상당의 양주 1병을 받은 혐의다. 출처: 제민일보, 2015년 12월 31일

김대중 정부부터 박근혜 정부까지 자치경찰이나 수사권독립 등 제도개혁을 주장하지만 무엇보다도 경찰 사기진작과 자긍심 향상이라는 측면에서 처우개선은 우선과제라고 볼 수 있다. 경제사정이 나쁘지만 경찰봉급은 경찰부패근절의 확실한 담보가 되리라는 기대에서 앞으로도 계속적인 인상이 있어야 한다. 신분의 불안정도 부정부패를 낳는 원인이 되는데 안정성이 결여되면 직접적으로 자기에게 이해가 없는 업무에 대해서는 수동적인 태도를 취하게 된다. 자기가 맡은 직책에서 언제 물러날지 모른다는 생각은 사회일반의 금전만능사상의 작용을 받아서 그 자리에 있는 동안 생활에 대한 최소한의 재정적인 기반만은 놓고 보자는 식의 비정상적인 생각을 하게끔 만들 수도 있다(김택, 1997).

다. 개인적적인 측면과 조직 구조적 측면

(1) 썩은 사과상자: 조직 구조적 측면

경찰조직은 전통적으로 개인책임보다는 소위 조직윤리를 강조한다. 조직윤리는 공무원이 조직 내에서 구성원간의 공동의 이익을 공유하는 대가로 충성과 기관의 정책을 수용할 것을 요구한다(윤재풍, 1987:458). 이 윤리는 경찰공무원의 개인적 윤리나 동기와는 관계없이 충성심을 보여줄 것을 요구하는데 그것의 가장 정형화된 형태는 복종의 형태이다. 그 결과 경찰공무원은 조직에 대한 충성심을 가장 높은 차원의 도덕성으로 간주하게 되고 건설적인 이의제기나 반대는 위배되는 것이 되기 때문에 조직은 이를 허용하지 않게 된다. 결국 경찰부패는 개인의 일탈이 이 나라 조직의 일탈로 보고 신참 경찰관들이 고참 경찰관들의 부패관행과 충성심, 의리, 영향에 주목받고 부패의 길로 빠져들게 되는 것이다. 조직윤리는 조직의 비공식 규범이 되고 조직구성원을 지배하게 되기 때문에 공무원은 이 윤리를 위배함으로써 자신의 지위와 수입을 잃게 되는 모험을 시도하려고 하지 않게 된다. 사회분위기의 도덕적 타락은 경찰의 부정이 잉태되며 조직과 개인의 부패에 대해서 공무원 자신은 저항하지 않고 침묵한다. 대다수의 경찰관들은 침묵과 복종으로 행동한다. 우리나라의 행정문화는 관료제 역기능이라고 할 수 있는 권위주의적 요소가 자리 잡아 공직자가 국민에게 봉사하는 공복의 정신이 아니라 인허가 등의 행정 권력을 가진 집단으로서 행동하려는 속성을 가지고 있다고 한다(조철옥, 2012). 그런데 경찰조직의 거대화와 관료제화는 상하계층으로 복잡한 수직적 문화를 형성하곤 하였고 경찰권위주의, 형식주의, 동조과잉, 할거주의 경향이 경찰조직문화로 자리 잡았다. 경찰조직은 상명하복문화가 중요한데 상관과 부하가 의리주의를 중시하고 조직의 투명성을 저해하는 병폐로 드러나곤 한다. 경찰문화가 한국행정이 지닌 지배적인 통치 이데올로기를 그대로 수용했다는 점이다.

경찰의 폐쇄적이고 수직적인 의사체계라든지 경직된 경찰조직구조 덜 민주화된 명령 만능주의가 문제라고 볼 수 있다. 또한 경찰내부의 비밀우선주의와 상급기관의 무사안일한 행태도 부패를 발생케 할 수 있다(김택, 2015).

오늘날에도 경찰서, 지구대나 파출소에서 근무하는 경찰관들이 순찰이라는 명목으로 돈을 거두어 조직 활동비로 쓰고 연말연시 등 전통적 명절이나 관혼 상제시의 '떡값' 명목이나 '촌지'의 행태로 경찰부패가 잔존하고 있는 실정이다. 이러한 경찰조직문화에 바탕을 둔 관행이나 행태는 공무원과 경찰부패의 토양이 되어 있는 것이다(김택, 2015: 윤우곤, 1988).

(2) 썩은 사과: 개인 윤리적 측면

개인 윤리적 측면은 부패의 원인을 부패를 저지르는 관료 개인의 윤리 의식과 자질 탓으로 돌린다(이종수, 2012). 경찰관은 법의 테두리 내에서 경찰업무를 수행하여야 하고 경찰업무의 수행과정상에 나타나는 오류가능성에 책임을 저야 한다(조철옥, 2012:280).

경찰부패를 신참경찰관들이 기존 구성원의 부패한 문화에서 학습된 결과라고 주장한 Niederhoffer(조철옥, 2012, 재인용)[3]는 "경찰관들은 탐욕 등의 이유로 뇌물을 받는다. 경찰관의 탈선은 사소한 과오로부터 갈취와 중범죄로 이어진다"고 주장했다. 반면에 썩은 사과 가설에 따르면 자질 없는 경찰관들이 문제이고 자질이 결여된 경찰관은 모집과정에서 면접 등으로 걸러내고 배제되어야 한다고 강조한다. 사과상자의 사과라는 것이 원래 흠이 있어서 곧 썩어버리기 때문에 인성이나 자질 윤리관이 없는 사람은 배제되어야 한다고 보는 것이다. 이것은 경찰의 조직문화에 오염되는 것이 아니라 개인의 의지나 탐욕에서 찾으려는 시각이다(조철옥, 2012:326-327). 따라서 경찰 개개인의 윤리적 도덕적 의무를 강조하고 책임과 의무를 준수하는 것이 중요하다고 본다. 원래 부패라는 것이 전체 공무원의 일탈이 아니라 개인의 위법과 탈선적 비리행태라고 주장하는 것이다. 과거 생계형비리가 만연했을 때는 경찰개인의 문제보다도 공무원 전체 조직구조에 초점을 두고 부패원인을 찾지만 최근에는 개개인의 윤리의식저하, 탐욕, 그릇된 배금주의 의식이 문제라는 지적이다. 이와 같은 측면에서 공무원행동강령이나 치

3　니더호퍼는 구조가 부패원인이라고 주장하고 있으며 로벅이나 바커도 구조적인 측면을 한 원인으로 보았다. 이에 반해 시카고 경찰국장 윌슨은 작은 호의가 더 큰 부패로 발전하게 되는 전체사회가설을 주장하였다.

안서비스 현장 같은 규정은 개인의 책임을 이행하라는 포괄적 권고를 담고 있는데 자율적인 윤리관 형성이 필요하다고 본다. 그러나 윤리 도덕적 측면에 대해서는 부패행위가 특정한 유형의 인간에게 고유한 현상인가 하는 의문이 제기된다고 한다. 법률 및 제도의 완전성을 전제로 한 이 가설은 부패의 사회적 맥락을 설명하지 못하고 규범과 실제 간의 간극을 설명하지 못한다는 한계가 있다고 한다(이종수, 2012). 그리고 경찰 윤리교육은 공직자로서의 태도와 자질함양을 위한 기본적이고 비리를 사전 예방할 수 있는 통제기능을 지닌다. 경찰업무가 시민들의 자유와 권리를 제한하고 침해하는 권한이 많고 외근 근무 중 긴박한 상황에 자주 노출되고 상급자의 지휘 없이 단독적인 의사결정을 해야 하는데 불공정수사나 금품수수와 같은 명확한 부패행위라면 모르지만 재량권에 관련되거나 단순 일탈행위는 경찰관 스스로 바른 가치판단을 내리기가 어렵기 때문에 청렴윤리교육이 중요하지만 우리나라 경찰 경위이하 일선 직원에 대한 청렴윤리교육은 매우 부실한 점이 문제라고 본다. 결국 청렴윤리교육의 실종은 개인적 부패요인을 키우는 한 측면이라고 본다(홍태경, 2011:116). 〈표 2-6〉을 보면 총경의 윤리교육은 전체 1%도 채 되지 않고 있으며 경위나 경사도 7%,3%를 차지하고 있을 정도로 윤리교육이 저평가 되고 있는 실정이나(김택, 2015).

〈표 2-6〉 윤리 교육 교과목 현황

과정	대상	구분	교과목	시간	계(%)
치안정책 과정	총경 총경승 진후보자 (770시간)	직무핵심 교육	자체사고예방을 위한 지휘관 역할	2	8(1.0)
		기본소양 교육	조직갈등관리	2	
			경찰과 인권	2	
			관리자의 리더쉽	2	

과정	대상	구분	교과목	시간	계(%)
기본교육 과정	경정 (142시간)	소양과목	인권의 현주소, 피해자 인권보호	4	9(6.3)
		직무과목	부조리예방과 감독자 역할	3	
			리더쉽향상방안	2	
	경감 (107시간)	소양과목	인권의 현주소, 피해자 인권보호	4	12(11.2)
		직무과목	지역경찰과 지구 대장의 역할	2	
			부조리예방과 감 독자의 역할	2	
			리더쉽향상방안	2	
			조직갈등관리	2	
	경위 (70시간)	소양과목	공직윤리	2	5(7.1)
		직무과목	리더십개발	3	
	경사 (70시간)	소양과목	공직윤리	2	2(2.9)

출처: 경찰대학, 경찰교육원자료(2010), 홍태경 전게서 재인용, 2011:117

3. 통제제도

가. 법·제도적 방안

법제도적 접근은 현실과 괴리된 법령의 이중적인 규제기준과 공무원의 자의적 해석을 허용하는 모호한 법 규정, 행정통제 장치의 허점 등이 부패의 원인이 될 수 있다. 이러한 제도적 관점은 부패현상에 대한 넓은 사회적 시각을 제시해 주고 부패통제를 위한 제도적 처방을 명확하게 한다는 장점이 있다(이종수, 2012).

(1) 처벌 및 감찰강화

경찰부패를 통제하기 위한 현행 제도는 감사원의 직무감찰, 청와대, 국무총리실, 행정자치부, 경찰청 등의 감찰이 주로 실시되고 있지만 효율적인 집행이나 엄정한 감찰이 이루어지고 있다고 보는 시각은 드물다. 신상필벌의 시스템을 정착해야 하지만 우리나라 감찰부서는 끼리끼리 봐주기 식의 감사로 인하여 부패근절의 경각심이 부족하고 감사 부작용이 많다는 시각이다. 이른바 감사원과 피감기관과의 유착형태인 감감비리가 자리 잡고 있다고 한다. 이를 시정하기 위해서는 외부통제장치가 새롭게 마련되어야 한다. 시민단체출신의 시민감사관제도의 신설, 부패로 징계 받는 자를 구제하지 않도록 외부인사위주로 경찰청내 부패방지위원회를 구성하여 엄정하게 처리하여야 한다. 경찰조직의 평가뿐만 아니라 경찰간부의 청렴도 평가를 통해 간부의 리더십과 청렴도를 진단하고 체계화하여 부패방지에 노력하여야 한다. 경찰 청렴도 강화를 위한 방안을 마련하여 시행하여야 하는데 다음과 같은 제도를 시행해 보는 것도 필요하다고 본다(김택, 2015).

-지방경찰청 청렴지수 개발 시행 발표
-경찰공무원 청렴윤리원(가칭) 설치
-경찰공무원행동강령 적용의 적실성 내실화
-반부패 경찰청렴위원회 설치(가칭) 징계강화
-총경이상 고위간부 청렴성 강화 및 청렴순위발표
-경찰 정보공개강화
-경찰부패 익명신고제 실시
-경찰관의 이익충돌예방 및 전관 예우금지강화: 전 직원 재산등록 DB화

〈표 2-7〉은 대학생들의 경찰부패인식을 설문조사한 것인데 우리나라 대학생들의 경찰부패 근절방안으로 처벌이나 감찰을 응답한 비율이 40%로 가장 높았다. 또한 불필요한 규제개혁(20%), 경찰윤리강화(19.3%), 경찰보수(17.7)순으로 나타났다(김택, 2015).

〈표 2-7〉 대학생들의 경찰부패인식 조사분석

대책: 경찰 부패 방지를 위해서 바람직한 방안?	
경찰의 보수 강화	17.7%
경찰의 윤리강화	19.3%
경찰청탁문화 풍토 개선	12.9%
경찰의 재량권 축소	3.2%
내부고발강화	6.4%
경찰의 처벌 강화	25.9%
불필요한 경찰규제개혁	20%
감찰강화	15%

출처: 김택, 대학생의 경찰부패인식조사(2013년 10월)

(2) 인사제도 개선

우리나라는 그동안 필기 성적위주로 경찰승진을 실시하다가 경찰 사기 제고 등을 위해 심사성적을 반영하여 승진에 반영하고 있는데 2006년부터는 경사계급에서 8년 재임기간 중 3년간 근무성적이 40점 이상일 경우 경위로 자동 근속 승진하는 제도를 실시하고 있다(최상일, 2006). 이 제도는 경찰의 인사적체를 해소하는데 유용하고 상당수의 경사급 경찰관들이 경찰 간부라고 할 수 있는 경위급으로 승진하여 승진 적체를 해소하였다고 볼 수 있다. 그러나 현재도 경위에서 경감승진이나 경정승진 진출은 쉽지 않다. 경찰관들의 승진에 대한 심리적 부담감은 상당히 높은 실정이다. 특히 경사에서 경위로 경위에서 경감으로 승진하는데 수천만 원의 뇌물이 오간다고 한다.[4] 경찰대 졸업생들이 경정 혹은 총경 계급정년제 적용을 받아, 조기 퇴직하는사례로 인하여 불만도 상당하다고 한다. 이를 개선하기 위해서는 총경까지 계급정년제도를 폐지한다든지 대폭적으로 경감승진 폭을 늘려 사기 앙양책을 강구하거나 불만을 줄여나가야 한다. 경찰대나 경찰간부 후보생 출신의 경우 곧바로 경위계급으로 임관하는데 이 같은 경우 기존 직원들과의 위화감을 조성하고 계급간 부조화를 가져올 수 있기 때문에 이를 개선하는 노력도 필요하다. 이제는 경찰행정학과출신 대졸자들을 훈련시켜 순경으로 임용하고 경찰간부나 경찰대출신들을 최소화하는 방안이 필요하다. 현재의 경찰대학을 경찰 대학원으로 개편한다던지 재직자 교육훈련기관으로 바꿔야 할 것이다. 또한 경찰 보직 인사 시 객관적 검증을 강화하여 업무능력을 중시하는 인사제도가 필요하다. 일부경찰관의 부패문제가 경찰 조직의 사기와 직결되고 있으므로 각별한 유의가 필요하다(김택, 2015).

(3) 내부고발 활성화

내부비리에 대한 부정적 인식이 많은 한국행정 부내에서 조직부패의 고

---

4 경찰 간부가 경찰 내부의 인사비리에 돈거래가 만연해 있다는 내용의 유서를 남기고 자살했다. 이 간부는 자신에 대한 수사가 불공정하게 이뤄졌다며 억울함을 호소하기도 했다. 광주지방경찰청은 14일 광역수사대 소속 ㄱ경감이 스스로 목숨을 끊어 경위 파악에 나섰다고 밝혔다. ㄱ경감은 이날 오후 1시쯤 광주 북구 자신의 집에서 농약을 마시고 쓰러진 채 발견돼 병원으로 옮겨졌지만 숨졌다. ㄱ경감은 A4용지 6장의 유서에서 "경찰 심사승진에서 빽은 필수요 돈은 당연한 거래가 된 것이 공공연한 사실이다"며 "각 심사 승진을 확인해보면 사실로 드러날 것이다. 일 잘해서 심사 승진하는 직원은 단 한 명도 없다. 돈은 필수 지참금이다"라고 썼다. 그는 "고졸인 탓에 시험 승진은 어려워 특진을 위해 열심히 일을 했다"며 "특진은 열심히 하면 진급할 수 있는 길이 열려 있지만 심사 승진은 그렇지 않다"고 덧붙였다. ㄱ경감은 자신을 음해하거나 무고한 경찰 동료와 사건관계자, 일부 언론에 대한 철저한 조사를 통해 진실을 밝혀 줄 것을 사건 담당 검사에게 요청하기도 했다.(강현석, 경향신문, 2014년 8월14일)

발은 쉽지 않다. 그러나 청렴하고 투명한 조직을 만들기 위한 노력을 활성화하고, 제도적 차원에서 고발자에 대한 신상 보호조치를 강구할 필요가 있다. 이를 위해 익명고발의 법제도 장치가 새로 만들어져야 하고 활성화돼야 한다. 작년에 행정자치부는 지방공기업의 비리에 대하여 익명고발을 실시하였는데 공직기관에도 확대해야 할 것이다. 경찰 구성원간의 온정주의, 신고자에 대한 배타적 시선 등으로 인하여 신고 자체에 소극적인 분위기를 해소하기에는 한계가 있고 신고자의 신분노출은 부패 신고의 주요 장애요인으로 작용하고 있다. 이를 위해 익명보장을 강화하고 내부고발을 경찰청내 조직에서만 접수할 것이 아니라 제 3의 독립된 기관이나 시민단체가 접수받아 처리하도록 하는 장치가 제도적으로 보장되어야 한다. 또한 내부고발자에 대해서 신분보장과 고발 후 소송을 제기한 경우에는 내부비리 고발과 관련하여 불이익을 당한 것으로 추정하여 변호사의 소송보호 및 강제주의 제도를 실시해야 한다(경찰청, 2012:30).

나. 조직청렴문화의 개선

경찰관의 청렴성은 국민의 신뢰와 직결되고 경찰발전을 위한 가장 기초가 되는 덕목이라고 할 수 있다. 경찰의 질서화합, 리더십, 경쟁력, 생산성 등이 청렴성과 직결되기 때문에 이를 제고하는 방안이 필요하다고 본다. 국민권익위원회가 조사한 공무원의 부패문제 해결 최우선 과제로〈표 2-8 참조〉연고주의, 온정주의 사회문화 척결'(18.8%), 사회지도층 및 고위공직자의 부패 감시활동 강화(18.2%), 부패행위적발 처벌강화(16.4%)순으로 응답하였고, 부패를 유발하는 법제도와 각종행정규제의 개선'을 선택한 비율은 전년보다 4.4%p 감소하였다(김택, 2015).

〈표 2-8〉 부패문제 해결을 위한 최우선 과제

항목	08년	10년	전년대비
연고주의, 온정주의 사회문화척결	19.1	18.8	0.3감소
사회지도층 및 고위공직자의 부패 감시활동 강화	18.7	18.2	0.5증가
부패행위에 대한 적발, 처벌의 강화	13.6	16.4	2.8증가
투명한 기업 활동을 위한 제도적 장치마련	14.3	15.5	1.2증가
부패를 유발하는 법 제도와 각종 행정규제의 개선	19.0	14.6	4.4감소
공직자의 부패범죄에 대한 사전 예방활동	14.0	13.1	0.9감소
기타	0.7	1.6	0.9증가
없음/모름	0.6	1.9	1.3증가

출처: 국민권익위원회 자료,2011

다. 윤리 교육적 방안

우리사회의 생활 전반에 관행화 되고 일상화 되어 버린 경찰부패문화를 일소하는 첫 번째 개혁과제는 경찰의 의식전환이라고 볼 수 있다. 의식의 변혁이 없는 부정부패의 척결은 단지 형식적이고 일과성이 될 가능성이 크다. 아무리 철저하게 부정과 부패, 그리고 비리를 찾아내어 척결한다고 하여도 왜곡된 의식이 상존하는 한 그것은 계속적으로 부정부패와 비리를 만들어 낼 것이기 때문이다(공보처, 1995:8-21). 윤리의식이 높은 개인을 경찰로 채용하기 위해서 채용시점부터 적성검사와 심층면접을 강화하는 방안을 마련해야 한다. 그리고 재직경찰관에 대한 직무적성이나 검사방법을 정교화하고 근무기간이 긴 경찰관과 대민부서에 근무하는 경찰관에 대한 윤리교육에 중점을 두어야 한다(홍태경, 2011). 반부패 교육은 경찰 개개인의 의식개혁을 활성화하는데 유용한 방안이라고 본다. 〈표 2-9〉은 경찰인성교육 현황인데 인성교육과 함께 반부패청렴교육도 필요하다고 본다. 따라서 경찰이 운영하고 있는 교육과정에 경찰공무원의 행동강령이나 내부비리신고 교육프로그램을 반드시 이수하도록 하는 방안이 모색되어야 한다. 청렴교육은 부패예방차원 뿐만 아니라 내부조직의 공감대를 확산시키는 기능도 할 수 있다. 독일의 경우, 공공기관이나 정부기관에 근무하는 공직자들이 반부패 행동규범을 숙지하도록 하는 교육훈련을 하고 있다고 한다(경찰청, 2012). 경찰인성교육도 강화하여 공복관, 국가관, 가치관, 경찰혼 등을 함양하고 제고할 수 있도록 경찰관의 교육프로그램을 강화하여야 한다. 국민들이 뇌물을 주지도 않고 경찰공무원 역시 받지도 않는 자세가 확립되는 의식개혁의 전환이 중요하다고 볼 수 있다.지속적인 반부패교육을 통해서 경찰의 가치관과 의식을 바꾸어야 할 것이다. 경찰관의 공복의식과 도덕적 윤리관을 함양하고 반부패의식을 고취시키기 위하여 경찰공무원교육의 혁신과 변화가 필요하다(김택, 2015).

<표 2-9> 경찰인성교육 현황

구분		내용
경찰대학(신임)		• 전체 시간 중 인성관련 교육은 688시간(18%) • 인성교육은 주로 훈육시간을 통해 이루어지며 매 학기 48시간 교육 • 학기당 봉사활동 16시간
경찰 교육원	신임간부 후보생	• 인성교육은 총 185시간(10%) • 봉사활동 총35시간
	재직	• 교육 과정별 다르나 시책교육 특강, 공직가치, 안보교육 등 강의가 전체 교육과정 중 약 10%차지
경찰중앙학교 (신임)		• 인성교육 324시간(27%) • 교육기간 확대에 따라 인성교육시간을 195시간 추가편성 • 월2회 이상 자기 주도적 봉사활동 실시 수사
연수원		• 과정별 차이가 있으나 공직가치 등 인성교육의 비율은 10%내외

출처: 경찰청. 2012년 경찰쇄신권고안, p66

제3절

선행연구의 검토

1. 법 · 제도적 연구

윤일홍(2009)은 "경찰비리에 대한 경찰관의 견해 연구"에서 경찰조직에 중점을 둔 직업적 사회와 이론에 중점을 두었다. 이 연구의 핵심은 경찰비리는 경찰관 개인의 윤리적 조직적 결함보다는 직업적 사회화를 통해 조직적으로 행해진다는 것이다. 그러므로 상황적 요소와 직장내의 사회화 과정과 경찰비리의 관계를 입증하였다는 점이다. 임지영(2010)의 "경찰관 청렴도 실태 및 대책에 관한 연구"는 경찰내부의 청렴도 조사를 통해 경찰관의 인사승진관리의 불신감, 보수 처우문제의 불만, 체계적인 교육부재를 거론하였다. 이상훈(2012)의 "경찰부패의 원인과 방지에 관한 연구"는 경찰부패의 원인과 방지대책을 중심으로 연구하였다. 김상운(2012)은 "경찰의 부패 실태와 원인분석에 관한 연구"에서 경찰부패원인을 분석하였는데 특히 경찰의 공식적 부패원인과 외부영향과의 관계를 비교하였고 부패예방과 반부패활동을 연구하였다. 문재명(2014)은 "경찰부패 방지를 위한 이해충돌 회피방안 연구"에서 부패방지방안으로 이해충돌회피의 제도화를 위하여 청렴윤리교육, 경찰내부의 조직문화와 인사고과제도 개선, 엄중한 처벌을 통한 법적 장치를 제시하였다.

연성진(1999)의 국무총리실 "경찰부패연구보고서"는 경찰 조직 전 분야에 대하여 경찰부패의 원인과 대책을 제시했는데, 일선 경찰관의 실증적인 연구조사를 통해 그 대책을 제시했다. 남형수(2009)의 "경찰공무원 부패인식연구"는 경찰부패 영향요인을 분석하였고 경찰부패의 통제요인의 실효성을 검증하고 정책적 우선순위를 도출하였다는데 그 의의가 있다고 본다. 최상일(2006)의 "경찰부패 통제전략 효과성연구"는 계층절차의 조사방법을 활용하여 부패통제 전략들 간 상대적 중요성을 강조하였다. 즉 정책효과의 극대화를 달성하기 위한 방안으로 우선순위가 높은 통제 전략을 사용할 필요가 있다고 강조했다. 박상주(2006)는 경찰 공무원 부패의 발생조건과 그 통제전략에 관하여, 부패연구의 경제 분석적 관점의 하나인 Shleifer와 Vishny(2006)의 모형을 응용하여, 경찰 분야의 특성을 반영할 수 있는 부패 유형화 모형을 형성하는 데 주목적이 있다. 논문의 기본적 주장은 경찰부패를 통제하는 데 있어, 우선 경찰부패에 대한 적절한 유형화 작업이 선행되어야 하고, 유형별 특성을 고려하여 일련의 부패통제 전략들이 마련되어야 한다는 것이다. 윤태범(2001)은 경찰부패의 부패구조 인식이 필요하다고 보고 경찰업무와 부패가능성을 구조적으로 분석하였다. 그는 경찰부패 유형을 Klitgaard(1988)의 모델을 응용하여 분석하였다. 전수일(2001)은 경찰부패사례에 대해 연결망이론을 적용하여 부패의 유형과 반부패 정책방향을 분석하였는데 경찰부패중 대표적인 풍속영업이나 교통사건 관련 비리를 연결노드를 중심으로 부패가담자와 연결자를 주목하여 분석하였다.

2. 개인 · 윤리적 연구

경찰청(2011)의 "관심직원 진단 프로그램 개발" 보고서는 경찰 내 의무위반행위자에 대한 엄중한 조치를 취함에도 불구하고 발생빈도가 증가하고 있어서 사후 조치뿐만 아니라 근원적인 예방조치가 필요하다고 보고 관심직원관리를 과학적이고 현실성 있게 마련하여 적절한 조치를 취하기 위해 연구되었다. 이 연구는 부패나 비리 등 사고 위험도를 식별하고 관리할 수 있는 과학적 진단도구를 개발하는데 목적을 두었다고 본다. 박영주(2013)의 다른 연구인 "경찰의 부패태도에 여향을 미치는 요인에 관한 연구"는 경찰부패태도에 영향을 미치는 요인을 연구하였고 경찰의 청렴성을 고찰하였다. 이 연구는 경찰부패태동 영향을 미치는 요인으로 개인적 요인에 주목하여 개인의 징계경험과 준법의식 그리고 자기 통제력을 제시하였다. 이 연구에서 징계가 있는 경찰관일수록 부패태도가 높은 것으로 나타났고 법의식강화와 같은 윤리교육의 중요성을 강조하였다. 조철옥의 "경찰윤리학연구"(2012)는 경찰관으로서 윤리적으로 바람직하지 못한 행위가 경찰에 대한 신뢰 상실의 주된 요인이라고 주장했으며 바람직한 경찰윤리를 정립하기 위해 동서양 이론을 제시하였다는데 그 특징과 의의가 있다. 그러나 이들 연구가 경찰부패의 시민인식도를 기준으로 하지 않은 점이 지적된다.

3. 문화 · 환경적 연구

부패방지위원회(2004)의 "경찰분야 부패방지 시민참여 실천방안연구"는 시민참여를 통한 부패방지 방안의 수립과 정착이 필요하다고 보고 행정의 투명성과 신뢰성을 강조하였다. 이 방안으로 감사 감찰을 통한 적발 처벌과 제도적 환경적 요인을 적극적으로 개선하는 혁신적인 노력을 중시하였다. 이 연구는 경찰과 시민과 공동노력을 강조하였다. 이를 위해 사이버 지역사회 경찰네트워크 구축이라든지 옴부즈맨 설치 시민감사를 제시했다. 이하섭(2013)의 "경찰부패에 대한 시민의 인식이 경찰의 명령에 미치는 영향"은 시민들이 경찰의 명령에 불복종과 같은 결과가 나타나는 원인을 연구하였고 경찰부패에 대한 간접적인 인식수준이 높을수록 경찰에 대한 복종도는 떨어지는 것으로 분석됐다. 이 연구에서 경찰부패에 대한 사전적 예방법과 사후적인 예방법을 활용해야 한다고 주장했다. 김택(1999)은 "경찰부패의 원인과 방지전략에 관한연구"에서 경찰부패의 원인을 법제도적 측면, 윤리적 측면, 조직 문화적 측면으로 고찰하였다.

〈표 2-10〉 경찰부패 요인에 관한 분석

연구자	요소	내용
박영주 (2013)	의식과 윤리 교육	법의식강화와 윤리교육 중요성, 경찰공무원 채용시 인성교육강화
이하섭 (2013)	시민인식	시민의 경찰의 불복종, 경찰부패에 대한 인식수준, 사전사후예방
문재명 (2014)	법제도	이해충돌회피방안연구, 청렴교육강화 조직문화 인사고과개선
김상운 (2012)	부패원인	경찰부패원인과 외부영향과의 관계 예방 반부패활동

연구자	요소	내용
박영주 (2012)	경찰문화	경찰의 문화적 특성과 비밀주의 문화적환경, 거시적경찰문화와 중화기술
이상훈 (2012)	법제도	경찰부패원인과 방지
임지영 (2010)	청렴	청렴도방안, 인사승진제도, 반부패기구확립, 경찰위원회 태도의 변화
경찰청 (2011)	제도	위반위반자에 대한 조치방안, 과학적진단프로그램
부패방지 위원회 (2004)	시민참여	경찰부패통제-시민참여 중요성, 지역사회경찰네트워크, 시민감시단 등 방안
최상일 (2006)	경찰부패통제	계층절차의 조사방법을 활용, 부패통제 전략들 간 상대적 중요성을 강조. 우선순위가 높은 통제 전략 강조
민형동 김연수 (2007)	경찰부패유형 분석	경찰공무원의 부패 유형과 반부패통제 전략을 분석, 한국 경찰의 반부패활동 연구
남형수 (2009)	개인, 제도	경찰부패 영향요인을 분석,경찰부패의 통제요인의 실효성을 검증
박상주 (2006)	부패통제	경찰부패에 대한 적절한 유형화 작업이 선행되어야 하고, 유형별 특성을 고려하여 일련의 부패통제 전략
홍태경 (2011)	경찰일탈요인	경찰일탈요인, 개인적, 조직적, 처벌억제요인
김택 (1999)	경찰부패원인	제도적측면 강조, 승진보수문제, 권한 남용, 윤리의식희박
조철옥 (2012)	윤리적측면	경찰윤리의 동서양적 측면에서 연구,경찰신뢰연구
윤태범 (2001)	구조적측면	경찰부패의 부패구조 인식이 필요하다고 보고 경찰업무와 부패

일반적 관료부패를 연구한 김영종(1996)의 부패학과 전수일(2000)의 관료부패론은 공직부패의 원인과 유형별 대안을 선구적으로 제시했다고 본다. 먼저 김영종(1996)은 아시아 국가의 반부패정책을 비교하였으며, 관료부패

원인분석을 통합적 방법을 사용하여 한국에 적실한 반부패 대안을 창출하여야 한다고 주장했다. 그리고 전수일은 다양한 접근방법을 사용하여 관료부패의 원인을 분석하였다. 김택(1997)은 관료부패의 원인을 유착주의적 측면에서 연구하였으며 정경유착, 권언유착, 군경유착 등을 고찰하였다.

〈표 2-11〉 관료부패 요인에 관한 분석

연구자	요소	내용
김영종 (1988)	상황맥락	발전과정상의 산물
	구조	관료의 권위주의와 복종관계
	사회문화	미비한 권력문화: 공 사직 혼동, 공직사유관, 권력남용, 장기집권의 병폐, 건전한 정치문화 미성숙, 군사문화의 구조화, 건전한 시민문화 미비
	통제관리	행정통제의 미비와 결함, 공직자 보수구조
	기타	정경유착
김해동 (1990)	개인	개인자질과 본성
	사회문화	특정한 관습, 경험
	제도관리	법과 제도상의 결함, 관리기구와 운영상의 문제
	체제	정부와 국민간의 상호작용의 소산
유종해 (1992)	개인	관료의 재량권 남용
	조직	낮은 보수, 신분불안, 행정규제 및 관리기준의 비현실성
	환경	정치적 불안정, 공동체의식의 박약, 공무원의 상대적 박탈감, 전통적인 행정문화
박광국 (1995)	개인차원	인구통계학적 변수(성별, 연령, 소득, 학력, 직업 등)
	행정차원	관료의 재량권 확대 및 남용, 내외부통제 메커니즘의 효과성 결여
	사회문화	관료에 대한 신뢰도 저하
감사원 부정방지대 책위원회 (1995)	제도	원시적 행정체제: 낙후된 행정전산화와 과학화 제도적 장치미비: 시대상황에 부합되지 못하는 태도
	개인의식	공직자: 전근대적 의식 수동적 무사안일 주민의식결여: 이기적 이익 추구, 시민상의 결여
	관리	관료의 열악한 보수수준

연구자	요소	내용
전수일 (1996)	정치차원	정치이데올로기, 공직자 양심, 독재정권, 식민통치경험
	행정차원	관료제의 확대현상, 행정법규와 절차상의 미흡 및 혼란
	사회문화	관료지상주의 가치관, 권위주의적 행태, 가족에 대한 충성심 및 연고주의, 정의적 사회
김택(1997)	원인	관료부패원인과 방안연구-정경유착, 권언유착, 군경유착
	정경유착	

제3장

연구모형과
연구방법

연구모형 및 가설

1. 연구 모형

본 연구에서는 기존 이론적 논의들을 바탕으로 하여 경찰부패의 개인적 요인, 조직 문화적 요인, 법제도적 요인, 부패인식의 4개의 요인으로 구분하여 〈그림 3-1〉과 같은 연구모형을 설정하였다. 먼저 한국경찰부패의 개인적 요인이 부패발생의 원인에 어떠한 영향을 미치고 있는지를 살펴보고, 각각의 부패요인에 따른 윤리의식, 개인적 탐욕, 청렴교육 등의 차이를 비교하기 위하여 연구모형을 설계하였다.

두 번째로 조직 문화적 요인은 청탁이나 뇌물제공, 부패 문화, 권위주의적이고 계층제적 요인의 문화의 측면의 차이를 설계하였다. 세 번째로 법제도적 요인은 수사상의 재량권, 징계처벌 보수제도 등을 비교하였다. 경찰부패의 인식도는 개인적 특성과 관련된 사항으로 학력수준, 연령, 학력 등이 하위변수가 된다. 또한 소액의 금품이나 식사 대가성이 부패에 미치는지 그 인식수준의 차이를 비교하였다.

경찰부패의 연구모형은 시민들의 인식수준, 인식도, 발생원인의 차이 등을 고려하여 나나냈고 시민들은 개인적인 측면, 조직 문화적 측면, 법제도적 측면에 따라 부패차이가 있고 이러한 시민들의 부패요인별 차이는 부패원인을 분석하는데 유용하고 경찰청렴정책에 커다란 영향을 준다고 볼 수 있다.

<그림 3-1> 연구 모형

독립변수		종속변수
개인적 요인	윤리의식	부패인식
	탐욕, 충동성	부패가능성
조직 문화적 요인	관료문화	
	상납문화	
	청탁문화	
법제도적요인	재량권	
	인사투명성	
	경찰처벌수준	

통제변수	
인구 사회학적 변인	성별
	학력
	직업
	연령

2. 연구 가설

본 연구는 한국 시민의 경찰부패인식에 따라 개인적 요인, 조직 문화적 요인, 법 제도적 요인을 경험적으로 검증하고자 한다. 이에 대한 연구문제와 가설은 기존의 선행연구를 통해 다음과 같이 설정하였다.

가. 부패의미기준

[연구문제 1] 한국경찰부패의 부패인식에 차이가 있는가?

가설1-1. 금전에 대한 개인적 탐욕이나 동료의 묵인을 부패라고 생각하지 않는 경향이 있고 경찰관으로서 부패가능성이 낮을 것이다.

가설1-2. 소액의 금품이나 향응 등을 받은 경우에 부패라고 인식하고 부패가능성이 높을 것이다.

가설1-3. 금품수수의 경우 청탁이나 대가성이 있어야 부패라고 생각할 것이다.

나. 경찰부패 요인

[연구문제 2] 한국경찰 부패의 개인적 요인에 따라 부패 차이가 있는가?

[가설2-1] 개인적 요인

[가설2-1-1] 윤리의식이 낮으면 경찰관 부패에 영향을 미칠 것이다.

[가설2-2-2] 개인의 탐욕이 높으면 경찰공무원부패가 많을 것이다.

[가설2-1-3] 경찰관 개개인의 부패를 엄격하게 처벌하지 않는 경우 경찰공무원 부패가 많을 것이다.

[가설2-1-4] 경찰 윤리교육이나 청렴교육을 많이 받으면 받을수록 청렴도 향상에 기여한다고 본다.

[연구문제 3] 한국경찰부패의 조직 문화적 요인에 따라 차이가 있는가?

[가설2-2] 조직 문화적 요인

[가설2-2-1] 경찰부패는 시민들이나 업자가 청탁하기 때문에 발생한다.

[가설2-2-2] 동료의 부패나 뇌물수수에 관용적인 조직문화가 있기에
            발생한다.

[가설2-2-3] 경찰의 알선청탁문화와 봐주기 문화가 부패를 조장한다.

[가설2-2-4] 경찰조직의 권위주의적이고 계층제 관료문화가 부패를
            조장한다.

[연구문제 4] 한국경찰부패의 법제도적 요인에 따라 차이가 있는가?

가설2-3 법제도적 요인

[가설2-3-1] 부패통제 가능성을 인식하는 경찰관일수록 부패가능성이
            낮을 것이다.

[가설2-3-2] 경찰은 재량권이 많다고 생각하는 경찰관일수록 부패가
            능 성이 높을 것이다.

[가설2-3-3] 징계처벌이 약하다고 인식하는 경찰관일수록 부패가능성
            이 낮을 것이다.

[가설2-3-4] 인사가 불투명하고, 보수가 적을수록 부패가능성이 높을
            것이다.

[연구문제 4] 한국경찰부패의 인구사회학적 특성에 따라 차이가 있는가?

본 연구에서 일반적인 인구사회학적 특성으로 성별, 연령, 근무부서, 경력, 출신 등을 살펴보고자하며 가설은 다음과 같다.

[가설3] 개인별 인구사회학적 특성이 부패요인에 영향을 끼친다.

[가설3-1] 성별에 따라 부패요인에 영향을 미친다.

[가설3-2] 연령에 따라 부패요인에 영향을 미친다.

[가설3-3] 직업에 따라 부패요인에 영향을 미친다.

[가설3-4] 지역 따라 부패요인에 영향을 미친다.

[가설3-5] 학력이 부패요인에 영향을 미친다.

제2절
변수의 조작적 정의와 측정

1. 종속변수와 독립변수

가. 종속변수

평가와 부패가능성은 경찰관 행태에 대한 응답자가 내리는 평가와 응답자 자신의 일탈가능성을 측정할 것이다. 사례는 Klockars(2000)와 윤일홍의 (2009) Pogarsky와 Piquero(2004), 홍태경(2011)의 연구에서 도입하였다. 종속변수를 이변수로 변화하여 로지스틱 분석방법을 이용하였다.

나. 독립변수

이 연구에서 독립변수는 개인적 특성과 부패특성이다. 개인적 특성은 시민들의 경찰관의 부패를 바라보는 기본적인 요소로서 개인적 측면, 법제도적 측면, 조직문화적 측면으로 나누어 분석하였다. 먼저 개인적 측면에서는 윤리의식이나 탐욕을 측정하였다. 다음으로 조직문화적 측면에서는 청탁문화 상납문화 등을 측정하였다. 끝으로 법제도적 측면에서는 인사, 처벌, 재량권 등을 파악하고자 하였고 이와 같은 기본요소에 따라 부패 특성이 다양한 차이를 나타낸다.

(1) 개인적 요인

개인적 요인은 윤리의식, 개인적 탐욕, 윤리교육이나 청렴교육 등 변인을 가지고 설정하였다.(김택, 2015, 1997;유종해, 2011;남형수, 2009)

(2) 조직 문화적 요인

선행연구(홍태경, 2011;남형수, 2009;Klockars, 1997)를 참조하여 뇌물제공문화, 관용적인문화, 알선청탁문화 등을 설정하였다.

(3) 법제도적 요인

처벌, 재량권, 보수문제, 인사, 처벌 등을 선행연구를 참고하여 설정하여 측정하였다.(연성진, 2003;남형수, 2009;홍태경, 2011)

다. 통제변수

시민의 인구사회학적 특성 변수는 성별, 연령, 학력, 직업,지역 등 전체 5개의 설문문항에 대하여 명목척도로 측정되었다.

구체적으로 성별을 기준으로 ① 남자, ② 여자로 측정하였으며, 연령은 ① 29세 미만, ② 30~40세, ③ 40~50세, ④ 60세 이후 ⑤ 70세이후 등 5

개의 범주로 구분하여 측정하였다. 학력 ① 고졸, ② 전문대, ③ 대학, ④ 대학원, 등 4개의 범주로 구분하였으며, 직업의 기준으로① 무직 ② 대학생 ③ 상업 ④ 공무원 ⑤ 회사원 ⑥ 농축산업 구분하였으며, 지역은 ① 서울 ② 경기 ③ 강원 ④ 충청도 ⑤경상도 ⑥ 전라도로 범주화하였다.

제3절
자료수집 및 분석

1. 설문지와 표본추출

각 문항은 상관분석 및 다변량 분석 등을 위해 5-7점 척도로 구성하고 인구통계학적 특성을 위한 8개의 문항을 마련하였다.

〈표 3-1〉 설문지 구성

구분	구성개념	문항수	공통문항구성
부패요인			
개인적 요인	1. 윤리의식처벌	1	1
	2. 사건청탁, 징계	2	1
	3. 부서운영비	2	2
	4. 탐욕윤리교육	2	2
조직문화적요인	1. 시민청탁	1	1
	2. 관용문화	1	1
	3. 운	1	
	4. 봐주기문화	1	1

구분	구성개념	문항수	공통문항구성
	5. 권위주의적 문화	1	1
법제도적문화요인	1. 엄정처벌	1	1
	2. 재량권	1	1
	3. 징계처벌	1	1
	4. 보수인사상납,	1	1
	부당지시	1	
부패인식			
	현금, 선물	1	1
	청탁대가성	1	1
	부서운영비	1	1
개인적 특성			
성, 연령, 학력	직업	5	

경찰부패의 여러 변인들을 조사하고 검증하기 위해서 시민 상대로 설문 조사를 하였다. 설문조사는 2015년 10월부터 12월까지 서울, 경기도, 충청도, 기타 지역 500명의 시민을 대상으로 실시하였다.

2. 자료분석

본문의 자료분석 방법은 다음과 같다. 첫째, 논문의 문항지의 타당성을 검증하기 위한 요인분석과 부패요인과 부패인식도의 신뢰성을 확인하기 위한 신뢰도분석을 하였다.

둘째, 인구사회학적 부패요인과 인식도를 검증하고 유의한 차이를 검정하기 위해 t-test(independent samples t-test)와 경찰관의 재직기간, 계급간 통계적으로 유의한 차이를 분석하기 위해 일원분산 분석인 ANOVA (one-way anova)분석을 실시한다. 법제도적 측면 등 가설요인을 분석하기 위해 다중 회귀분석(multiple regression)을 수행하였다.

셋째, 경찰공무원의 부패요인과 부패인식도를 살펴보기 위하여 다중회 귀분석을 실시하였다.

넷째, 연구의 가설의 검증하기 위하여 독립변수들이 종속변수에 미치는 영향력을 확인하기 위하여 다중회귀분석(multiple regression)을 분석을 이용하 였다. 이와 함께 통계처리프로그램은 SPSS 18.0을 이용하였다.

제4장

연구결과의
분석 및 논의

조사대상자 분포

1. 인구사회학적 특성

　조사대상자의 일반적인 특성은 다음과 같다. 성별 분포를 보면 전체 500명의 설문조사 대상자 중에서 남자가 312명(62.4%)로 여자 188명(37.6%)보다 더 높은 분포를 보였다. 연령별 분포를 보면 19-29세가 402명(80.4%)로 가장 높은 분포를 보인 반면에, 60세 이후는 8명(0.3%)으로 가장 낮은 분포를 보였다. 연령별 분포는 전체적으로 19-29세, 30-40세, 40-50세, 60세 이후 순으로 차이를 보이고 있다. 직업별 분포를 보면 대학생이 399명(79.8%)로 가장 높은 분포를 보인 반면에, 공무원은 8명(1.6%)로 가장 낮은 분포를 보였다. 직업별 분포는 전체적으로 대학생, 회사원, 무직, 상업, 공무원, 농축산업 순으로 분포를 차이를 보였다. 학력별 분포를 보면 고졸이 380명(76.0%)로 가장 높은 분포를 보였고, 그 다음으로 대졸이 92명(18.4%),

전문대졸 23명(4.6%), 대학원 이상 5명(1.0%) 순으로 차이를 보였다. 지역별 분포를 보면 경기가 188명(37.6%)으로 가장 높은 분포를 보인 반면에, 전라도는 11명(2.2%)으로 가장 낮은 분포를 보였다. 지역별 분포는 전체적으로 경기, 서울, 충청도, 강원, 경상도, 전라도 순으로 분포도의 차이를 보였다. 경찰의 부패인식을 응답한 시민 조사대상자는 남자 대학생이면서 연령이 19-29세가 다수를 차지하고 있고, 학력은 고졸이면서 지역은 서울과 경기 지역에 거점을 두고 있는 시민들이 경찰 부패인식에 대해서 답변한 것으로 조사되었다.

〈표 4-1〉 시민 조사대상자의 일반적 특성

구분		빈도	백분율(%)
성별	남자	312	62.4
	여자	188	37.6
연령	19-29세	402	80.4
	30-40세	52	10.4
	40-50세	38	7.6
	60세 이후	8	1.6
직업	무직	27	5.4
	대학생	399	79.8
	상업	26	5.2
	공무원	8	1.6
	회사원	35	7.0
	농축산업	5	1.0
학력	고졸	380	76.0
	전문대졸	23	4.6
	대졸	92	18.4
	대학원 이상	5	1.0

구분		빈도	백분율(%)
지역	서울	133	26.6
	경기	188	37.6
	강원	45	9.0
	충청도	94	18.8
	경상도	29	5.8
	전라도	11	2.2
합계		500	100.0

2. 기술통계학적 특성

조사대상자의 경찰부패인식, 개인적 요인(부패의미 기준), 개인적 요인(경찰부패요인), 조직문화적 요인, 법제도적 요인 등에 대해서 기술통계분석을 수행하여 조사대상자의 분포를 파악하였다. 경찰부패 인식은 경찰 탐욕, 경찰 충동성, 경찰 금품수수 등 3개의 하위 변인으로 측정되었으며, 이 중에서 경찰 금품수수의 평균값이 2.96으로 가장 높았고, 그 다음으로 경찰 충동성 2.78, 경찰 탐욕 2.57 순으로 분포도의 차이를 보였다. 경찰부패 인식은 전체적으로 평균이 2.77, 표준편차가 0.90으로 대체적으로 조사대상자가 경찰부패 인식에 대해서 부정적인 견해를 가지고 있는 것으로 보인다. 개인적 요인(부패의미 기준)은 탐욕, 충동성, 금품수수 등 3개의 하위변인으로 측정되었으며, 이 중에서 충동성의 평균값이 3.50으로 가장 높았고, 그 다음으로 금품수수 3.38, 탐욕 3.32 순으로 분포도의 차이를 보였다. 개인적 요인(부패의미 기준)은 전체적으로 평균이 3.40, 표준편차가 1.15로 대체적으로 조사대상자가 부패의미 기준에 대해서 대략 현금으로 25만 원 선에서 보고 있는 것으로 보인다. 개인적 요인(경찰부패 요인)은 윤리의식, 탐욕,

충동성, 청렴교육 등 3개의 하위 변인으로 측정되었으며, 이 중에서 충동성의 평균값이 3.74로 가장 높았고, 그 다음으로 탐욕 3.58, 청렴교육 3.52, 윤리의식 3.44 순으로 분포도의 차이를 보였다. 경찰부패요인은 전체적으로 평균이 3.57, 표준편차가 0.71로 대체적으로 조사대상자가 경찰부패 요인에 대해서 대략 현금으로 25만 원 선에서 보고 있는 것으로 보인다. 조직 문화적 요인은 청탁문화, 상납문화, 조직문화, 알선청탁문화, 관료문화 등 5개의 하위 변인으로 측정되었으며, 이 중에서 알선청탁문화의 평균값이 3.61으로 가장 높았고, 그 다음으로 상납문화 3.60, 관료문화 3.55, 청탁문화 3.32, 조직문화 2.89 순으로 분포도의 차이를 보였다. 조직 문화적 요인은 전체적으로 평균이 3.39, 표준편차가 0.58로 대체적으로 조사대상자가 조직 문화적 요인에 대해서 긍정적인 견해를 가지고 있는 것으로 보인다. 법제도적 요인은 부패통제가능성, 재량권, 경찰처벌수준, 인사투명성 등 4개의 하위 변인으로 측정되었으며, 이 중에서 경찰처벌수준의 평균값이 3.68로 가장 높았고, 그 다음으로 재량권 3.50, 인사투명성 3.42 순으로 분포도의 차이를 보였다. 법제도적 요인은 전체적으로 평균이 3.54, 표준편차가 0.75로 대체적으로 조사대상자가 법제도적 인식에 대해서 긍정적인 견해를 가지고 있는 것으로 보인다.

〈표 4-2〉 기술 통계분석 결과

구분		평균	표준편차
경찰부패 인식	경찰탐욕	2.57	1.06
	경찰충동성	2.78	1.12
	경찰금품수수	2.96	1.12
	전체	2.77	0.90

구분		평균	표준편차
개인적 요인 (부패의미기준)	탐욕	3.32	1.32
	충동성	3.50	1.20
	금품수수	3.38	1.26
	전체	3.40	1.15
개인적 요인 (경찰부패요인)	윤리의식	3.44	0.96
	탐욕	3.58	0.98
	충동성	3.74	0.95
	청렴교육	3.52	0.99
	전체	3.57	0.71
조직 문화적 요인	청탁문화	3.32	1.00
	상납문화	3.60	0.88
	조직문화	2.89	1.25
	알선청탁문화	3.61	0.91
	관료문화	3.55	0.91
	전체	3.39	0.58
법제도적 요인	부패통제가능성	3.56	1.02
	재량권	3.50	0.96
	경찰처벌수준	3.68	0.96
	인사투명성	3.42	1.19
	전체	3.54	0.75

신뢰성분석

　　조사대상자의 경찰부패인식, 개인적 요인(부패의미 기준), 개인적 요인(경찰
부패요인), 조직 문화적 요인, 법제도적 요인 등에 대해서 신뢰성분석을 수행
하여 신뢰도계수(cronbach's alpha)를 추정한 결과는 다음과 같다. 경찰부패 인
식은 경찰 탐욕, 경찰 충동성, 경찰 금품수수 등 3개의 하위 변인으로 측정
되었으며, 이 중에서 경찰 탐욕의 신뢰성이 0.79로 가장 높았고, 그 다음으
로 경찰 금품수수 0.62, 경찰 충동성 0.56 순으로 신뢰도의 차이를 보였다.
경찰부패 인식에 대한 전체 신뢰도는 0.75로 보통 정도의 신뢰도를 보였
다. 개인적 요인(부패의미 기준)은 탐욕, 충동성, 금품수수 등 3개의 하위 변인
으로 측정되었으며, 이 중에서 충동성의 신뢰도가 0.87로 가장 높았고, 그
다음으로 탐욕 0.85, 금품수수 0.84 순으로 신뢰도의 차이를 보였다. 개인
적 요인(부패의미 기준)에 대한 전체 신뢰도는 0.89로 높은 신뢰도를 보이고
있다. 개인적 요인(경찰부패 요인)은 윤리의식, 탐욕, 충동성, 청렴교육 등 3개

의 하위 변인으로 측정되었으며, 이 중에서 청렴교육의 신뢰도가 0.66으로 가장 높았고, 그 다음으로 충동성 0.65, 탐욕 0.64, 윤리의식 0.63 순으로 신뢰도도의 차이를 보였다. 경찰부패요인의 전체 신뢰도는 0.70으로 보통 정도의 신뢰도를 보이고 있다. 조직 문화적 요인은 청탁문화, 상납문화, 조직문화, 알선청탁문화, 관료문화 등 5개의 하위 변인으로 측정되었으며, 이 중에서 조직문화의 신뢰도가 0.63으로 가장 높았고, 그 다음으로 상납문화 0.41, 알선청탁문화 0.41, 청탁문화 0.40, 관료문화 0.40 순으로 신뢰도의 차이를 보였다. 조직 문화적 요인의 전체 신뢰도는 0.51로 매우 낮은 신뢰도를 보이고 있다. 법제도적 요인은 부패통제가능성, 재량권, 경찰처벌수준, 인사투명성 등 4개의 하위 변인으로 측정되었으며, 이 중에서 인사투명성의 신뢰도가 0.71로 가장 높았고, 그 다음으로 재량권 0.62, 경찰처벌수준 0.61, 부패통제가능성 0.60 순으로 분포도의 차이를 보였다. 법제도적 요인의 전체 신뢰도는 0.70으로 보통 정도의 신뢰도를 보이고 있다.

〈표 4-3〉 신뢰성분석 결과

구분		Alpha if item deleted	Cronbach's alpha
경찰부패 인식	경찰탐욕	0.79	0.75
	경찰충동성	0.56	
	경찰금품수수	0.62	
개인적 요인 (부패의미기준)	탐욕	0.85	0.89
	충동성	0.87	
	금품수수	0.84	
개인적 요인 (경찰부패요인)	윤리의식	0.63	0.70
	탐욕	0.64	
	충동성	0.65	
	청렴교육	0.66	

구분		Alpha if item deleted	Cronbach's alpha
조직문화적 요인	청탁문화	0.40	0.51
	상납문화	0.41	
	조직문화	0.63	
	알선청탁문화	0.41	
	관료문화	0.40	
법제도적 요인	부패통제가능성	0.60	0.70
	재량권	0.62	
	경찰처벌수준	0.61	
	인사투명성	0.71	

연구 가설검증

1. 개인적 요인

가. 부패의미기준

(1) 경찰부패 인식

부패의미 기준과 경찰부패 인식 간의 관련성을 분석하기 위하여 본 연구에서는 "명절 시 돈을 받아 경찰서 운영비를 사용했다면 어느 정도의 액수를 부패행위로 생각한다."라는 가설1-1을 설정하였고, "사건청탁으로 어느 정도 주어야 뇌물행위로 본다."라는 가설1-2를 설정하였다. 또한 "명절 때 어느 정도 받아야 부패행위로 본다."라는 가설1-3을 설정하였다. 본 연구에서는 가설1-1, 가설1-2, 가설1-3을 검증하기 위하여 다중회귀분석(multiple regression)을 수행하여 다음과 같은 연구결과를 얻었다. 본 연구의 실증분석은 부패의미기준의 하위변인으로 탐욕, 충동성, 금품수수 등의 변수가 설명변수로 연구모형에 투입되었고, 종속변수로 경찰부패 인식의 변수를 연구모형에 포함시켜 실증분석을 수행하였다.

부패의미 기준이 경찰부패 인식에 미친 영향을 분석한 결과, 금품수수가 경찰부패 인식에 부정적인 영향을 미친 반면에, 탐욕과 충동성은 경찰부패 인식에 의미 있는 영향을 미치지 못하였다. 본 연구의 분석결과는 다음과 같다. 분석결과를 보면 금품수수(b=-0.14, t=-2.60, p⟨.05⟩)는 경찰부패 인식에 유의한 부(-)의 영향을 미친 반면에, 탐욕과 충동성은 경찰부패 인식에 유의한 영향을 미치지 못하였다. 본 연구에서 제시한 부패의미 기준이 경찰부패 인식에 미치는 영향력을 분석한 회귀모형의 설명력은 85.3%이고, 본 연구모형은 통계적으로 유의(F=9.17, p⟨0.01⟩)한 것으로 검증되었다.

이러한 연구결과가 의미하는 것은 경찰의 부패의미 기준으로 명절 때 어느 정도 받았다고 해서 반드시 부패행위로 생각하는 것은 아닌 것으로 보인다. 따라서 가설1-3은 채택된 반면에, 가설1-1, 가설1-2는 기각되었다.

⟨표 4-4⟩ 부패의미기준이 경찰부패인식에 미치는 영향

가설	변수 (Variables)	비표준화 회귀계수 (B)	표준오차 (S.E)	표준화 회귀계수 (Beta)	t값 (t)	유의도 (p)	공차한계 (Tolerance)	분산팽창요인 (VIF)
	상수항	3.34	0.12		26.73	0.000***		
가설1-1	탐욕	-0.02	0.05	-0.03	-0.41	0.675	0.34	2.94
가설1-2	충동성	-0.01	0.05	-0.01	-0.12	0.904	0.38	2.57
가설1-3	금품수수	-0.14	0.05	-0.19	-2.60	0.010**	0.33	3.01
설명력 (R²)		0.053						
조정설명력 (Adj. R²)		0.047						

가설	변수 (Variables)	비표준화 회귀계수 (B)	표준오차 (S.E)	표준화 회귀계수 (Beta)	t값 (t)	유의도 (p)	공차한계 (Tolerance)	분산팽창요인 (VIF)
	사례수 (N)	500						
	F값 (F)	9.172						
	유의도 (p)	0.000***						

*** P⟨0.01, ** P⟨0.05, * P⟨0.10

주) 다중회귀분석 결과 공차한계(tolerance) 0.10 이상, 분산팽창요인(VIF) 10 미만으로 다중
공선성의 문제는 제거되었음.

(2) 경찰 탐욕

부패의미 기준과 경찰 탐욕 간의 관련성을 분석하기 위하여 본 연구에
서는 "명절 시 돈을 받아 경찰서 운영비를 사용했다면 어느 정도의 액수
를 부패행위로 생각한다." 라는 가설1-1을 설정하였고, "사건청탁으로 어
느 정도 주어야 뇌물행위로 본다."라는 가설1-2를 설정하였다. 또한 "명절
때 어느 정도 받아야 부패행위로 본다."라는 가설1-3을 설정하였다. 본 연
구에서는 가설1-1, 가설1-2, 가설1-3을 검증하기 위하여 다중회귀분석
(multiple regression)을 수행하여 다음과 같은 연구결과를 얻었다. 본 연구의 실
증분석은 부패의미기준의 하위변인으로 탐욕, 충동성, 금품수수 등의 변수
가 설명변수로 연구모형에 투입되었고, 종속변수로 경찰 탐욕의 변수를 연
구모형에 포함시켜 실증분석을 수행하였다.

부패의미 기준이 경찰 탐욕에 미친 영향을 분석한 결과, 충동성이 경찰
탐욕에 부정적인 영향을 미친 반면에, 탐욕과 금품수수는 경찰 탐욕에 의
미 있는 영향을 미치지 못하였다. 본 연구의 분석결과는 다음과 같다. 분석
결과를 보면 충동성(b=-0.16, t=-2.55, p⟨.05)은 경찰 탐욕에 유의한 부(-)의 영

향을 미친 반면에, 탐욕과 금품수수는 경찰 탐욕에 유의한 영향을 미치지 못하였다. 본 연구에서 제시한 부패의미 기준이 경찰부패 인식에 미치는 영향력을 분석한 회귀모형의 설명력은 1.6%이고, 본 연구모형은 통계적으로 유의(F=2.67, p⟨0.01)한 것으로 검증되었다.

이러한 연구결과가 의미하는 것은 공무원이 부패로 엄정하게 징계처벌 받지 않았다고 해서 반드시 경찰의 탐욕으로 나타나는 것은 아니다. 따라서 가설1-2는 채택된 반면에, 가설1-1, 가설1-3은 기각되었다.

〈표 4-5〉 부패의미기준이 경찰 탐욕에 미치는 영향

가설	변수 (Variables)	비표준화 회귀계수 (B)	표준오차 (S.E)	표준화 회귀계수 (Beta)	t값 (t)	유의도 (p)	공차한계 (Tolerance)	분산팽창요인 (VIF)
	상수항	2.76	0.15		18.38	0.000***		
가설1-1	탐욕	0.11	0.06	0.14	1.92	0.055*	0.34	2.94
가설1-2	충동성	-0.16	0.06	-0.18	-2.55	0.011**	0.38	2.57
가설1-3	금품수수	-0.01	0.06	-0.01	-0.08	0.933	0.33	3.01
	설명력 (R^2)	0.016						
	조정설명력 (Adj. R^2)	0.010						
	사례수 (N)	500						
	F값 (F)	2.672						
	유의도 (p)	0.047**						

*** P⟨0.01, ** P⟨0.05, * P⟨0.10

주) 다중회귀분석 결과 공차한계(tolerance) 0.10 이상, 분산팽창요인(VIF) 10 미만으로 다중공선성의 문제는 제거되었음.

(3) 경찰 충동성

부패의미 기준과 경찰 충동성 간의 관련성을 분석하기 위하여 본 연구에서는 "명절 시 돈을 받아 경찰서 운영비를 사용했다면 어느 정도의 액수를 부패행위로 생각한다."라는 가설1-1을 설정하였고, "사건청탁으로 어느 정도 주어야 뇌물행위로 본다."라는 가설1-2를 설정하였다. 또한 "명절 때 어느 정도 받아야 부패행위로 본다."라는 가설1-3을 설정하였다. 본 연구에서는 가설1-1, 가설1-2, 가설1-3을 검증하기 위하여 다중회귀분석 (multiple regression)을 수행하여 다음과 같은 연구결과를 얻었다. 본 연구의 실증분석은 부패의미기준의 하위변인으로 탐욕, 충동성, 금품수수 등의 변수가 설명변수로 연구모형에 투입되었고, 종속변수로 경찰 충동성의 변수를 연구모형에 포함시켜 실증분석을 수행하였다.

부패의미 기준이 경찰 충동성에 미친 영향을 분석한 결과, 충동성이 경찰 충동성에 긍정적인 영향을 미친 반면에, 탐욕과 금품수수는 경찰 충동성에 부정적인 영향을 미쳤다. 본 연구의 분석결과는 다음과 같다. 분석결과를 보면 충동성(b=0.14, t=2.22, p<.05)은 경찰 충동성에 유의한 정(+)의 영향을 미친 반면에, 탐욕(b=-0.12, t=-2.05, p<.05), 금품수수(b=-0.23, t=-3.56, p<.01)는 경찰 충동성에 유의한 부(-)영향을 미쳤다. 본 연구에서 제시한 부패의미 기준이 경찰 충동성에 미치는 영향력을 분석한 회귀모형의 설명력은 8.6%이고, 본 연구모형은 통계적으로 유의(F=15.45, p<0.01)한 것으로 검증되었다.

이러한 연구결과가 의미하는 것은 사건청탁으로 어느 정도의 뇌물을 받는 것은 경찰이 충동적으로 경찰부패 행위를 할 개연성이 높은 것으로 보인다. 또한 명절시 돈을 받아 경찰서 운영비로 사용했거나, 명절 때 어느 정도 받았다고 해서 반드시 경찰이 충동적으로 부패행위를 하는 것은 아닌 것으로 보인다. 따라서 가설1-1, 가설1-2, 가설1-3은 채택되었다.

〈표 4-6〉 부패의미기준이 경찰 충동성에 미치는 영향

가설	변수 (Variables)	비표준화 회귀계수 (B)	표준오차 (S.E)	표준화 회귀계수 (Beta)	t값 (t)	유의도 (p)	공차한계 (Tolerance)	분산팽창요인 (VIF)
	상수항	3.51	0.15		22.97	0.000***		
가설1-1	탐욕	-0.12	0.06	-0.15	-2.05	0.040**	0.34	2.94
가설1-2	충동성	0.14	0.06	0.15	2.22	0.027**	0.38	2.57
가설1-3	금품수수	-0.23	0.06	-0.26	-3.56	0.000***	0.33	3.01
설명력 (R^2)		0.086						
조정설명력 (Adj. R^2)		0.080						
사례수 (N)		500						
F값 (F)		15.45						
유의도 (p)		0.000***						

*** $P<0.01$, ** $P<0.05$, * $P<0.10$

주) 다중회귀분석 결과 공차한계(tolerance) 0.10 이상, 분산팽창요인(VIF) 10 미만으로 다중공선성의 문제
는 제거되었음.

(4) 경찰 금품수수

부패의미 기준과 경찰 금품수수 간의 관련성을 분석하기 위하여 본 연구에서는 "명절 시 돈을 받아 경찰서 운영비를 사용했다면 어느 정도의 액수를 부패행위로 생각한다." 라는 가설1-1을 설정하였고, "사건청탁으로 어느 정도 주어야 뇌물행위로 본다."라는 가설1-2를 설정하였다. 또한 "명절 때 어느 정도 받아야 부패행위로 본다."라는 가설1-3을 설정하였다. 본 연구에서는 가설1-1, 가설1-2, 가설1-3을 검증하기 위하여 다중회귀분

석(multiple regression)을 수행하여 다음과 같은 연구결과를 얻었다. 본 연구의 실증분석은 부패의미기준의 하위변인으로 탐욕, 충동성, 금품수수 등의 변수가 설명변수로 연구모형에 투입되었고, 종속변수로 경찰 금품수수의 변수를 연구모형에 포함시켜 실증분석을 수행하였다.

부패의미 기준이 경찰 금품수수 에 미친 영향을 분석한 결과, 금품수수가 경찰 금품수수 에 부정적인 영향을 미친 반면에, 탐욕과 충동성은 경찰 금품수수 에 의미 있는 영향을 미치지 못하였다. 본 연구의 분석결과는 다음과 같다. 분석결과를 보면 금품수수(b=-0.18, t=-2.70, p〈.01)는 경찰 금품수수에 유의한 부(-)의 영향을 미친 반면에, 탐욕과 충동성은 경찰 금품수수에 유의한 영향을 미치지 못하였다. 본 연구에서 제시한 부패의미 기준이 경찰 금품수수에 미치는 영향력을 분석한 회귀모형의 설명력은 6.6%이고, 본 연구모형은 통계적으로 유의(F=11.68, p〈0.01)한 것으로 검증되었다.

이러한 연구결과가 의미하는 것은 경찰의 부패의미 기준으로 명절 때 어느 정도 받았다고 해서 반드시 경찰의 금품수수를 통한 부패행위로 나타나는 것은 아니라고 본다. 따라서 가설1-3은 채택된 반면에, 가설1-1, 가설1-2는 기각되었다.

〈표 4-7〉 부패의미기준이 경찰 금품수수에 미치는 영향

가설	변수 (Variables)	비표준화 회귀계수 (B)	표준오차 (S.E)	표준화 회귀계수 (Beta)	t값 (t)	유의도 (p)	공차한계 (Tolerance)	분산팽창요인 (VIF)
	상수항	3.76	0.15		24.29	0.000***		
가설1-1	탐욕	-0.05	0.06	-0.06	-0.85	0.393	0.34	2.94
가설1-2	충동성	0.00	0.06	0.00	-0.01	0.998	0.38	2.57
가설1-3	금품수수	-0.18	0.06	-0.20	-2.70	0.007***	0.33	3.01

가설	변수 (Variables)	비표준화 회귀계수 (B)	표준오차 (S.E)	표준화 회귀계수 (Beta)	t값 (t)	유의도 (p)	공차한계 (Tolerance)	분산팽창요인 (VIF)
	설명력 (R^2)	0.066						
	조정설명력 (Adj. R^2)	0.061						
	사례수 (N)	555						
	F값 (F)	11.681						
	유의도 (p)	0.000***						

*** $P < 0.01$, ** $P < 0.05$, * $P < 0.10$

주) 다중회귀분석 결과 공차한계(tolerance) 0.10 이상, 분산팽창요인(VIF) 10 미만으로 다중공선성의 문제
는 제거되었음.

나. 개인적 요인(경찰부패 요인)

(1) 경찰부패 인식

경찰부패 요인과 경찰부패 인식 간의 관련성을 분석하기 위하여 본 연구에서는 "경찰부패는 윤리의식이 낮기 때문이라고 생각한다." 라는 가설 2-1-1을 설정하였고, "경찰부패는 개인적 탐욕이하고 본다."라는 가설 2-1-2를 설정하였다. 또한 "공무원이 부패로 엄정하게 징계처벌 받지 않는 경우 부패가 많을 것이다."라는 가설2-1-3을 설정하였고, "경찰관 윤리교육이나 청렴교육을 많이 받으면 청렴도 향상에 기여한다."라는 가설 2-1-4를 설정하였다. 본 연구에서는 가설2-1-1, 가설2-1-2, 가설2-1-3, 가설2-1-4를 검증하기 위하여 다중회귀분석(multiple regression)을 수행하여 다음과 같은 연구결과를 얻었다. 본 연구의 실증분석은 개인적 요인의

하위변인으로 윤리의식, 탐욕, 충동성, 청렴교육 등의 변수가 설명변수로 연구모형에 투입되었고, 종속변수로 경찰부패 인식의 변수를 연구모형에 포함시켜 실증분석을 하였다.

경찰부패 요인이 경찰부패 인식에 미친 영향을 분석한 결과, 탐욕이 경찰부패 인식에 부정적인 영향을 미친 반면에, 윤리의식, 충동성, 청렴교육은 경찰부패 인식에 의미 있는 영향을 미치지 못하였다. 본 연구의 분석결과는 다음과 같다. 분석결과를 보면 탐욕(b=-0.10, t=-2.17, p⟨.05)은 경찰부패 인식에 유의한 부(-)의 영향을 미친 반면에, 윤리의식, 탐욕, 청렴교육은 경찰부패 인식에 유의한 영향을 미치지 못하였다. 본 연구에서 제시한 경찰부패 요인이 경찰부패 인식에 미치는 영향력을 분석한 회귀모형의 설명력은 3.7%이고, 본 연구모형은 통계적으로 유의(F=4.76, p⟨0.01)한 것으로 검증되었다.

이러한 연구결과가 의미하는 것은 경찰부패는 개인적 탐욕이기는 하지만, 경찰의 탐욕 높다고 해서 경찰부패가 심하게 발생하는 것은 아니라고 본다. 따라서 가설2-1-4는 채택된 반면에, 가설2-1-1, 가설2-2-2, 가설2-2-3은 기각되었다.

〈표 4-8〉 경찰부패 요인이 경찰부패인식에 미치는 영향

가설	변수 (Variables)	비표준화 회귀계수 (B)	표준오차 (S.E)	표준화 회귀계수 (Beta)	t값 (t)	유의도 (p)	공차한계 (Tolerance)	분산팽창요인 (VIF)
	상수항	3.62	0.20		17.71	0.000***		
가설2-1-1	윤리의식	-0.03	0.04	-0.03	-0.70	0.481	0.71	1.39
가설2-1-2	탐욕	-0.10	0.04	-0.11	-2.17	0.030**	0.73	1.36
가설2-1-3	충동성	-0.04	0.04	-0.04	-0.96	0.335	0.76	1.30
가설2-1-4	청렴교육	-0.05	0.04	-0.05	-1.17	0.243	0.77	1.30

가설	변수 (Variables)	비표준화 회귀계수 (B)	표준오차 (S.E)	표준화 회귀계수 (Beta)	t값 (t)	유의도 (p)	공차한계 (Tolerance)	분산팽창요인 (VIF)
	설명력 (R^2)					0.037		
	조정설명력 (Adj. R^2)					0.029		
	사례수 (N)					500		
	F값 (F)					4.762		
	유의도 (p)					0.001***		

*** P<0.01, ** P<0.05, * P<0.10

주) 다중회귀분석 결과 공차한계(tolerance) 0.10 이상, 분산팽창요인(VIF) 10 미만으로 다중공선성의 문제
는 제거되었음.

(2) 경찰 탐욕

경찰부패 요인과 경찰 탐욕 간의 관련성을 분석하기 위하여 본 연구에
서는 "경찰부패는 윤리의식이 낮기 때문이라고 생각한다."라는 가설2-1-1
을 설정하였고, "경찰부패는 개인적 탐욕이하고 본다."라는 가설2-1-2를 설
정하였다. 또한 "공무원이 부패로 엄정하게 징계처벌 받지 않는 경우 부패
가 많을 것이다."라는 가설2-1-3을 설정하였고, "경찰관 윤리교육이나 청
렴교육을 많이 받으면 청렴도 향상에 기여한다."라는 가설2-1-4를 설정
하였다. 본 연구에서는 가설2-1-1, 가설2-1-2, 가설2-1-3, 가설2-1-4
를 검증하기 위하여 다중회귀분석(multiple regression)을 수행하여 다음과 같은
연구결과를 얻었다. 본 연구의 실증분석은 개인적 요인의 하위변인으로 윤
리의식, 탐욕, 충동성, 청렴교육 등의 변수가 설명변수로 연구모형에 투입
되었고, 종속변수로 경찰 탐욕의 변수를 연구모형에 포함시켜 실증분석을

수행하였다.

경찰부패 요인이 경찰 탐욕에 미친 영향을 분석한 결과, 탐욕이 경찰 탐욕에 긍정적인 영향을 미친 반면에, 충동성은 경찰 탐욕에 부정적인 영향을 미쳤다. 또한 윤리의식, 청렴교육은 경찰 탐욕에 의미 있는 영향을 미치지 못하였다. 본 연구의 분석결과는 다음과 같다. 분석결과를 보면 탐욕(b=0.17, t=3.07, p<.01)은 경찰 탐욕에 유의한 정(+)의 영향을 미친 반면에, 충동성(b=-0.17, t=-3.05, p<.01)은 경찰 탐욕에 유의한 부(-)의 영향을 미쳤다. 또한 윤리의식, 청렴교육은 경찰 탐욕에 유의한 영향을 미치지 못하였다. 본 연구에서 제시한 경찰부패 요인이 경찰 탐욕에 미치는 영향력을 분석한 회귀모형의 설명력은 4.3%이고, 본 연구모형은 통계적으로 유의(F=5.56, p<0.01)한 것으로 검증되었다.

이러한 연구결과가 의미하는 것은 경찰부패는 개인적 탐욕으로 경찰 탐욕이 높아져서 경찰부패가 발생할 수 있으며, 공무원이 부패로 엄정하게 징계처벌 받지 않았다고 해서 반드시 경찰부패가 심각하게 발생하는 것은 아니라고 본다. 따라서 가설2-1-2, 가설2-1-3은 채택된 반면에, 가설2-1-1, 가설2-1-4는 기각되었다.

〈표 4-9〉 경찰부패 요인이 경찰 탐욕에 미치는 영향

가설	변수 (Variables)	비표준화 회귀계수 (B)	표준오차 (S.E)	표준화 회귀계수 (Beta)	t값 (t)	유의도 (p)	공차한계 (Tolerance)	분산팽창요인 (VIF)
	상수항	3.12	0.24		12.97	0.000***		
가설2-1-1	윤리의식	-0.05	0.05	-0.04	-0.88	0.375	0.71	1.39
가설2-1-2	탐욕	0.17	0.05	0.15	3.07	0.002***	0.73	1.36
가설2-1-3	충동성	-0.17	0.05	-0.15	-3.05	0.002***	0.76	1.30
가설2-1-4	청렴교육	-0.09	0.05	-0.09	-1.83	0.067*	0.77	1.30

가설	변수 (Variables)	비표준화 회귀계수 (B)	표준오차 (S.E)	표준화 회귀계수 (Beta)	t값 (t)	유의도 (p)	공차한계 (Tolerance)	분산팽창요인 (VIF)
	설명력 (R^2)					0.043		
	조정설명력 (Adj. R^2)					0.035		
	사례수 (N)					500		
	F값 (F)					5.565		
	유의도 (p)					0.000***		

*** P<0.01, ** P<0.05, * P<0.10

주) 다중회귀분석 결과 공차한계(tolerance) 0.10 이상, 분산팽창요인(VIF) 10 미만으로 다중공선성의 문제
는 제거되었음.

(3) 경찰 충동성

경찰부패 요인과 경찰 충동성 간의 관련성을 분석하기 위하여 본 연구에서는 "경찰부패는 윤리의식이 낮기 때문이라고 생각한다."라는 가설 2-1-1을 설정하였고, "경찰부패는 개인적 탐욕이라고 본다."라는 가설 2-1-2를 설정하였다. 또한 "공무원이 부패로 엄정하게 징계처벌 받지 않는 경우 부패가 많을 것이다."라는 가설2-1-3을 설정하였고, "경찰관 윤리교육이나 청렴교육을 많이 받으면 청렴도 향상에 기여한다."라는 가설 2-1-4를 설정하였다. 본 연구에서는 가설2-1-1, 가설2-1-2, 가설2-1-3, 가설2-1-4를 검증하기 위하여 다중회귀분석(multiple regression)을 수행하여 다음과 같은 연구결과를 얻었다. 본 연구의 실증분석은 개인적 요인의 하위변인으로 윤리의식, 탐욕, 충동성, 청렴교육 등의 변수가 설명변수로 연구모형에 투입되었고, 종속변수로 경찰 충동성의 변수를 연구모형에 포

함시켜 실증분석을 수행하였다.

경찰부패 요인이 경찰 충동성에 미친 영향을 분석한 결과, 탐욕이 경찰 충동성에 부정적인 영향을 미친 반면에, 윤리의식, 충동성, 청렴교육은 경찰 충동성에 의미 있는 영향을 미치지 못하였다. 본 연구의 분석결과는 다음과 같다. 분석결과를 보면 탐욕(b=-0.30, t=-5.17, p⟨.01)은 경찰 충동성에 유의한 부(-)의 영향을 미친 반면에, 윤리의식, 탐욕, 청렴교육은 경찰 충동성에 유의한 영향을 미치지 못하였다. 본 연구에서 제시한 경찰부패 요인이 경찰 충동성에 미치는 영향력을 분석한 회귀모형의 설명력은 6.9%이고, 본 연구모형은 통계적으로 유의(F=9.09, p⟨0.01)한 것으로 검증되었다.

이러한 연구결과가 의미하는 것은 경찰부패는 개인적 탐욕이기는 하지만, 경찰의 탐욕 높다고 해서 경찰의 충동성과 연결되는 것은 아니라고 본다. 따라서 가설2-1-4는 채택된 반면에, 가설2-1-1, 가설2-2-2, 가설2-2-3은 기각되었다.

〈표 4-10〉 경찰부패 요인이 경찰 충동성에 미치는 영향

가설	변수 (Variables)	비표준화 회귀계수 (B)	표준오차 (S.E)	표준화 회귀계수 (Beta)	t값 (t)	유의도 (p)	공차한계 (Tolerance)	분산팽창요인 (VIF)
	상수항	3.83	0.25		15.30	0.000***		
가설2-1-1	윤리의식	0.02	0.06	0.01	0.33	0.737	0.71	1.39
가설2-1-2	탐욕	-0.30	0.05	-0.26	-5.27	0.000***	0.73	1.36
가설2-1-3	충동성	0.00	0.05	0.00	-0.01	0.996	0.76	1.30
가설2-1-4	청렴교육	-0.01	0.05	-0.01	-0.06	0.946	0.77	1.30
설명력 (R^2)		0.069						
조정설명력 (Adj. R^2)		0.061						
사례수 (N)		500						

가설	변수 (Variables)	비표준화 회귀계수 (B)	표준오차 (S.E)	표준화 회귀계수 (Beta)	t값 (t)	유의도 (p)	공차한계 (Tolerance)	분산팽창요인 (VIF)
F값 (F)				9.095				
유의도 (p)				0.000***				

*** P<0.01, ** P<0.05, * P<0.10

주) 다중회귀분석 결과 공차한계(tolerance) 0.10 이상, 분산팽창요인(VIF) 10 미만으로 다중공선성의 문제
는 제거되었음.

(4) 경찰 금품수수

경찰부패 요인과 경찰 금품수수 간의 관련성을 분석하기 위하여 본 연구에서는 "경찰부패는 윤리의식이 낮기 때문이라고 생각한다." 라는 가설 2-1-1을 설정하였고, "경찰부패는 개인적 탐욕이하고 본다."라는 가설 2-1-2를 설정하였다. 또한 "공무원이 부패로 엄정하게 징계처벌 받지 않는 경우 부패가 많을 것이다."라는 가설2-1-3을 설정하였고, "경찰관 윤리교육이나 청렴교육을 많이 받으면 청렴도 향상에 기여한다."라는 가설 2-1-4를 설정하였다. 본 연구에서는 가설2-1-1, 가설2-1-2, 가설2-1-3, 가설2-1-4를 검증하기 위하여 다중회귀분석(multiple regression)을 수행하여 다음과 같은 연구결과를 얻었다. 본 연구의 실증분석은 개인적 요인의 하위변인으로 윤리의식, 탐욕, 충동성, 청렴교육 등의 변수가 설명변수로 연구모형에 투입되었고, 종속변수로 경찰 금품수수의 변수를 연구모형에 포함시켜 실증분석을 수행하였다.

경찰부패 요인이 경찰 금품수수에 미친 영향을 분석한 결과, 탐욕이 경찰 금품수수에 부정적인 영향을 미친 반면에, 윤리의식, 충동성, 청렴교육은 경찰 금품수수에 의미 있는 영향을 미치지 못하였다. 본 연구의 분석결

과는 다음과 같다. 분석결과를 보면 탐욕(b=-0.17, t=-2.97, p<.01)은 경찰 금품
수수에 유의한 부(-)의 영향을 미친 반면에, 윤리의식, 탐욕, 청렴교육은 경
찰 금품수수에 유의한 영향을 미치지 못하였다. 본 연구에서 제시한 경찰
부패 요인이 경찰 금품수수에 미치는 영향력을 분석한 회귀모형의 설명력
은 4.1%이고, 본 연구모형은 통계적으로 유의(F=5.32, p<0.01)한 것으로 검증
되었다.

　이러한 연구결과가 의미하는 것은 경찰부패는 개인적 탐욕이기는 하지
만, 경찰의 탐욕 높다고 해서 경찰의 금품수수와 연계되는 것은 아니라고
본다. 따라서 가설2-1-4는 채택된 반면에, 가설2-1-1, 가설2-2-2, 가설
2-2-3은 기각되었다.

〈표 4-11〉 경찰부패 요인이 경찰 금품수수에 미치는 영향

가설	변수 (Variables)	비표준화 회귀계수 (B)	표준오차 (S.E)	표준화 회귀계수 (Beta)	t값 (t)	유의도 (p)	공차한계 (Tolerance)	분산팽창요인 (VIF)
	상수항	3.92	0.25		15.44	0.000***		
가설2-1-1	윤리의식	-0.07	0.06	-0.06	-1.19	0.233	0.71	1.39
가설2-1-2	탐욕	-0.17	0.05	-0.15	-2.97	0.003***	0.73	1.36
가설2-1-3	충동성	0.03	0.05	0.02	0.56	0.574	0.76	1.30
가설2-1-4	청렴교육	-0.05	0.05	-0.05	-1.02	0.308	0.77	1.30
설명력 (R²)				0.041				
조정설명력 (Adj. R²)				0.034				
사례수 (N)				500				
F값 (F)				5.326				
유의도 (p)				0.000***				

가설	변수 (Variables)	비표준화 회귀계수 (B)	표준오차 (S.E)	표준화 회귀계수 (Beta)	t값 (t)	유의도 (p)	공차한계 (Tolerance)	분산팽창요인 (VIF)

*** P〈0.01, ** P〈0.05, * P〈0.10

주) 다중회귀분석 결과 공차한계(tolerance) 0.10 이상, 분산팽창요인(VIF) 10 미만으로 다중공선성의 문제
는 제거되었음.

2. 조직문화적 요인

가. 경찰부패 인식

조직 문화적 요인과 경찰부패 인식 간의 관련성을 분석하기 위하여 본
연구에서는 "경찰부패는 시민들이나 업자의 청탁과 뇌물제공이 원인이라
고 본다."라는 가설2-2-1을 설정하였고, "경찰부패는 동료의 관용적인
문화가 있기 때문이다."라는 가설2-2-2를 설정하였다. 또한 "공무원이 부
패로 징계를 받은 경우 운이 나빠 걸렸다고 본다."라는 가설2-2-3을 설정
하였고, "경찰의 알선청탁문화와 봐주기 문화가 부패를 조장한다."라는 가
설2-2-4를 설정하였고, "상납은 권위주의적이고 계층제적인 경찰조직문
화 탓이라고 생각한다."라는 가설2-2-5를 설정 하였다. 본 연구에서는 가
설2-2-1, 가설2-2-2, 가설2-2-3, 가설2-2-4, 가설2-2-5를 검증하기
위하여 다중회귀분석(multiple regression)을 수행하여 다음과 같은 연구결과를
얻었다. 본 연구의 실증분석은 조직 문화적 요인의 하위변인으로 청탁문화,
상납문화, 조직문화, 알선청탁문화, 관료문화 등의 변수가 설명변수로 연구
모형에 투입되었고, 종속변수로 경찰부패 인식의 변수를 연구모형에 포함
시켜 실증분석을 수행하였다.

조직문화적 요인이 경찰부패 인식에 미친 영향을 분석한 결과, 청탁문

화, 조직문화는 경찰부패 인식에 긍정적인 영향을 미친 반면에, 상납문화, 알선청탁문화는 경찰부패 인식에 부정적인 영향을 미쳤다. 또한 관료문화는 경찰부패 인식에 의미 있는 영향을 미치지 못하였다. 본 연구의 분석결과는 다음과 같다. 분석결과를 보면 청탁문화(b=0.13, t=3.25, p<.01)와 조직문화(b=0.13, t=4.31, p<.01)는 경찰부패 인식에 유의한 정(+)의 영향을 미친 반면에, 상납문화(b=-0.17, t=-3.50, p<.01), 알선청탁문화(b=-0.10, t=-2.09, p<.05)는 경찰부패 인식에 유의한 부(-)의 영향을 미쳤다. 본 연구에서 제시한 조직 문화적 요인이 경찰부패 인식에 미치는 영향력을 분석한 회귀모형의 설명력은 10.9%이고, 본 연구모형은 통계적으로 유의(F=12.05, p<0.01)한 것으로 검증되었다.

이러한 연구결과가 의미하는 것은 경찰의 경찰부패는 시민들이나 업자가 청탁과 뇌물제공을 하기 때문에 발생하거나, 공무원이 부패로 징계받는 경우 운이 나빠서 걸렸다고 인식하고 있는 반면에, 경찰부패는 동료의 부패나 뇌물수수에 관용적인 조직문화와 경찰의 알선청탁문화와 봐주기 문화가 부패를 조장하기 때문에 경찰부패 인식이 반드시 높아지는 것은 아닌 것으로 보인다. 따라서 가설2-2-1, 가설2-2-2, 가설2-2-3, 가설2-2-4는 채택된 반면에, 가설2-2-5는 기각되었다.

〈표 4-12〉 조직 문화적 요인이 경찰부패인식에 미치는 영향

가설	변수 (Variables)	비표준화 회귀계수 (B)	표준오차 (S.E)	표준화 회귀계수 (Beta)	t값 (t)	유의도 (p)	공차한계 (Tolerance)	분산팽창요인 (VIF)
	상수항	2.72	0.22		11.92	0.000***		
가설2-2-1	청탁문화	0.13	0.04	0.14	3.25	0.001***	0.86	1.15
가설2-2-2	상납문화	-0.17	0.05	-0.17	-3.50	0.000***	0.73	1.36

가설	변수 (Variables)	비표준화 회귀계수 (B)	표준오차 (S.E)	표준화 회귀계수 (Beta)	t값 (t)	유의도 (p)	공차한계 (Tolerance)	분산팽창요인 (VIF)
가설2-2-3	조직문화	0.13	0.03	0.19	4.31	0.000***	0.93	1.07
가설2-2-4	알선청탁문화	-0.10	0.04	-0.10	-2.09	0.036**	0.75	1.31
가설2-2-5	관료문화	0.06	0.04	0.06	1.28	0.198	0.77	1.29
설명력 (R^2)		0.109						
조정설명력 (Adj. R^2)		0.100						
사례수 (N)		500						
F값 (F)		12.056						
유의도 (p)		0.000***						

*** $P<0.01$, ** $P<0.05$, * $P<0.10$

주) 다중회귀분석 결과 공차한계(tolerance) 0.10 이상, 분산팽창요인(VIF) 10 미만으로 다중공선성의 문제
는 제거되었음.

나. 경찰 탐욕

조직 문화적 요인과 경찰부패 인식 간의 관련성을 분석하기 위하여 본
연구에서는 "경찰부패는 시민들이나 업자의 청탁과 뇌물제공이 원인이라
고 본다."라는 가설2-2-1을 설정하였고, "경찰부패는 동료의 관용적인
문화가 있기 때문이다."라는 가설2-2-2를 설정하였다. 또한 "공무원이 부
패로 징계를 받은 경우 운이 나빠 걸렸다고 본다."라는 가설2-2-3을 설정
하였고, "경찰의 알선청탁문화와 봐주기 문화가 부패를 조장한다."라는 가
설2-2-4를 설정하였고, "상납은 권위주의적이고 계층제적인 경찰조직문
화 탓이라고 생각한다."라는 가설2-2-5를 설정하였다. 본 연구에서는 가
설2-2-1, 가설2-2-2, 가설2-2-3, 가설2-2-4, 가설2-2-5를 검증하기

위하여 다중회귀분석(multiple regression)을 수행하여 다음과 같은 연구결과를 얻었다. 본 연구의 실증분석은 조직문화적 요인의 하위변인으로 청탁문화, 상납문화, 조직문화, 알선청탁문화, 관료문화 등의 변수가 설명변수로 연구모형에 투입되었고, 종속변수로 경찰 탐욕의 변수를 연구모형에 포함시켜 실증분석을 수행하였다.

조직문화적 요인이 경찰 탐욕에 미친 영향을 분석한 결과, 청탁문화, 조직문화는 경찰 탐욕에 긍정적인 영향을 미친 반면에, 상납문화는 경찰 탐욕에 부정적인 영향을 미쳤다. 또한 관료문화는 경찰 탐욕에 의미있는 영향을 미치지 못하였다. 본 연구의 분석결과는 다음과 같다. 분석결과를 보면 청탁문화(b=0.19, t=4.06, p<.01)와 조직문화(b=0.19, t=5.37, p<.01)는 경찰 탐욕에 유의한 정(+)의 영향을 미친 반면에, 상납문화(b=-0.19, t=-3.29, p<.01)는 경찰 탐욕에 유의한 부(-)의 영향을 미쳤다. 본 연구에서 제시한 조직 문화적 요인이 경찰 탐욕에 미치는 영향력을 분석한 회귀모형의 설명력은 13.8%이고, 본 연구모형은 통계적으로 유의(F=15.80, p<0.01)한 것으로 검증되었다.

이러한 연구결과가 의미하는 것은 경찰의 경찰 탐욕은 시민들이나 업자가 청탁과 뇌물제공을 하기 때문에 발생하거나, 공무원이 부패로 징계 받는 경우 운이 나빠서 걸렸다고 인식하고 있는 반면에, 경찰 탐욕은 동료의 부패나 뇌물수수에 관용적인 조직문화가 부패를 조장하기 때문에 경찰 탐욕이 반드시 높아지는 것은 아닌 것으로 보인다. 따라서 가설2-2-1, 가설2-2-2, 가설2-2-3은 채택된 반면에, 가설2-2-4, 가설2-2-5는 기각되었다.

<표 4-13> 조직 문화적 요인이 경찰 탐욕에 미치는 영향

가설	변수 (Variables)	비표준화 회귀계수 (B)	표준오차 (S.E)	표준화 회귀계수 (Beta)	t값 (t)	유의도 (p)	공차한계 (Tolerance)	분산팽창요인 (VIF)
	상수항	2.38	0.26		8.99	0.000***		
가설2-2-1	청탁문화	0.19	0.04	0.18	4.06	0.000***	0.86	1.15
가설2-2-2	상납문화	-0.19	0.05	-0.16	-3.29	0.001***	0.73	1.36
가설2-2-3	조직문화	0.19	0.03	0.23	5.37	0.000***	0.93	1.07
가설2-2-4	알선청탁문화	-0.10	0.05	-0.09	-1.89	0.059*	0.75	1.31
가설2-2-5	관료문화	0.01	0.05	0.01	0.30	0.761	0.77	1.29
설명력 (R²)		0.138						
조정설명력 (Adj. R²)		0.130						
사례수 (N)		500						
F값 (F)		15.809						
유의도 (p)		0.000***						

*** P〈0.01, ** P〈0.05, * P〈0.10

주) 다중회귀분석 결과 공차한계(tolerance) 0.10 이상, 분산팽창요인(VIF) 10 미만으로 다중공선성의 문제
는 제거되었음.

다. 경찰 충동성

조직 문화적 요인과 경찰 충동성 간의 관련성을 분석하기 위하여 본 연구에서는 "경찰부패는 시민들이나 업자의 청탁과 뇌물제공이 원인이라고 본다."라는 가설2-2-1을 설정하였고, "경찰부패는 동료의 관용적인 문화가 있기 때문이다."라는 가설2-2-2를 설정하였다. 또한 "공무원이 부패로 징계를 받은 경우 운이 나빠 걸렸다고 본다."라는 가설2-2-3을 설정하였고, "경찰의 알선청탁문화와 봐주기 문화가 부패를 조장한다."라는 가설2-2-4를 설정하였고, "상납은 권위주의적이고 계층제적인 경찰조직문화

탓이라고 생각한다."라는 가설2-2-5를 설정 하였다. 본 연구에서는 가설 2-2-1, 가설2-2-2, 가설2-2-3, 가설2-2-4, 가설2-2-5를 검증하기 위하여 다중회귀분석(multiple regression)을 수행하여 다음과 같은 연구결과를 얻었다. 본 연구의 실증분석은 조직 문화적 요인의 하위변인으로 청탁문화, 상납문화, 조직문화, 알선청탁문화, 관료문화 등의 변수가 설명변수로 연구모형에 투입되었고, 종속변수로 경찰 충동성의 변수를 연구모형에 포함시켜 실증분석을 수행하였다.

조직문화적 요인이 경찰 충동성에 미친 영향을 분석한 결과, 청탁문화, 조직문화는 경찰 충동성에 긍정적인 영향을 미친 반면에, 상납문화는 경찰 충동성에 부정적인 영향을 미쳤다. 또한 관료문화는 경찰 충동성에 의미있는 영향을 미치지 못하였다. 본 연구의 분석결과는 다음과 같다. 분석결과를 보면 청탁문화(b=0.13, t=2.52, p<.05)와 조직문화(b=0.11, t=2.94, p<.01)는 경찰 충동성에 유의한 정(+)의 영향을 미친 반면에, 상납문화(b=-0.17, t=-2.73, p<.01)는 경찰 충동성에 유의한 부(-)의 영향을 미쳤다. 본 연구에서 제시한 조직 문화적 요인이 경찰 충동성에 미치는 영향력을 분석한 회귀모형의 설명력은 6.4%이고, 본 연구모형은 통계적으로 유의(F=6.67, p<0.01)한 것으로 검증되었다.

이러한 연구결과가 의미하는 것은 경찰의 경찰 충동성은 시민들이나 업자가 청탁과 뇌물제공을 하기 때문에 발생하거나, 공무원이 부패로 징계받는 경우 운이 나빠서 걸렸다고 인식하고 있는 반면에, 경찰 충동성은 동료의 부패나 뇌물수수에 관용적인 조직문화가 부패를 조장하기 때문에 경찰 충동성이 반드시 높아지는 것은 아닌 것으로 보인다. 따라서 가설2-2-1, 가설2-2-2, 가설2-2-3은 채택된 반면에, 가설2-2-4, 가설2-2-5는 기각되었다.

<표 4-14> 조직 문화적 요인이 경찰 충동성에 미치는 영향

가설	변수 (Variables)	비표준화 회귀계수 (B)	표준오차 (S.E)	표준화 회귀계수 (Beta)	t값 (t)	유의도 (p)	공차한계 (Tolerance)	분산팽창요인 (VIF)
	상수항	2.77	0.29		9.50	0.000***		
가설2-2-1	청탁문화	0.13	0.05	0.11	2.52	0.012**	0.86	1.15
가설2-2-2	상납문화	-0.17	0.06	-0.13	-2.73	0.007***	0.73	1.36
가설2-2-3	조직문화	0.11	0.04	0.13	2.94	0.003***	0.93	1.07
가설2-2-4	알선청탁문화	-0.10	0.06	-0.08	-1.73	0.083*	0.75	1.31
가설2-2-5	관료문화	0.07	0.06	0.05	1.18	0.238	0.77	1.29
설명력 (R^2)				0.064				
조정설명력 (Adj. R^2)				0.054				
사례수 (N)				500				
F값 (F)				6.674				
유의도 (p)				0.000***				

*** $P<0.01$, ** $P<0.05$, * $P<0.10$

주) 다중회귀분석 결과 공차한계(tolerance) 0.10 이상, 분산팽창요인(VIF) 10 미만으로 다중공선성의 문제
는 제거되었음.

라. 경찰 금품수수

조직 문화적 요인과 경찰 금품수수 간의 관련성을 분석하기 위하여 본
연구에서는 "경찰부패는 시민들이나 업자의 청탁과 뇌물제공이 원인이라
고 본다." 라는 가설2-2-1을 설정하였고, "경찰부패는 동료의 관용적인
문화가 있기 때문이다."라는 가설2-2-2를 설정하였다. 또한 "공무원이 부
패로 징계를 받은 경우 운이 나빠 걸렸다고 본다."라는 가설2-2-3을 설정
하였고, "경찰의 알선청탁문화와 봐주기 문화가 부패를 조장한다."라는 가

설2-2-4를 설정하였고, "상납은 권위주의적이고 계층제적인 경찰조직문화 탓이라고 생각한다."라는 가설2-2-5를 설정하였다. 본 연구에서는 가설2-2-1, 가설2-2-2, 가설2-2-3, 가설2-2-4, 가설2-2-5를 검증하기 위하여 다중회귀분석(multiple regression)을 수행하여 다음과 같은 연구결과를 얻었다. 본 연구의 실증분석은 조직 문화적 요인의 하위변인으로 청탁문화, 상납문화, 조직문화, 알선청탁문화, 관료문화 등의 변수가 설명변수로 연구모형에 투입되었고, 종속변수로 경찰 금품수수의 변수를 연구모형에 포함시켜 실증분석을 수행하였다.

조직 문화적 요인이 경찰 금품수수에 미친 영향을 분석한 결과, 조직문화는 경찰 금품수수에 긍정적인 영향을 미친 반면에, 상납문화는 경찰 금품수수에 부정적인 영향을 미쳤다. 또한 알선청탁문화와 관료문화는 경찰 금품수수에 의미 있는 영향을 미치지 못하였다. 본 연구의 분석결과는 다음과 같다. 분석결과를 보면 조직문화(b=0.09, t=2.28, p<.05)는 경찰 금품수수에 유의한 정(+)의 영향을 미친 반면에, 상납문화(b=-0.16, t=-2.49, p<.01)는 경찰 금품수수에 유의한 부(-)의 영향을 미쳤다. 본 연구에서 제시한 조직 문화적 요인이 경찰 금품수수에 미치는 영향력을 분석한 회귀모형의 설명력은 4.1%이고, 본 연구모형은 통계적으로 유의(F=4.19, p<0.01)한 것으로 검증되었다.

이러한 연구결과가 의미하는 것은 경찰 금품수수는 공무원이 부패로 징계 받는 경우 운이 나빠서 걸렸다고 인식하고 있는 반면에, 경찰 금품수수는 동료의 부패나 뇌물수수에 관용적인 조직문화가 부패를 조장하기 때문에 경찰 금품수수가 반드시 높아지는 것은 아닌 것으로 보인다. 따라서 가설2-2-2, 가설2-2-3은 채택된 반면에, 가설2-2-1, 가설2-2-4, 가설

2-2-5는 기각되었다.

〈표 4-15〉 조직 문화적 요인이 경찰 금품수수에 미치는 영향

가설	변수 (Variables)	비표준화 회귀계수 (B)	표준오차 (S.E)	표준화 회귀계수 (Beta)	t값 (t)	유의도 (p)	공차한계 (Tolerance)	분산팽창요인 (VIF)
	상수항	3.02	0.29		10.23	0.000***		
가설2-2-1	청탁문화	0.07	0.05	0.06	1.42	0.155	0.86	1.15
가설2-2-2	상납문화	-0.16	0.06	-0.12	-2.49	0.013**	0.73	1.36
가설2-2-3	조직문화	0.09	0.04	0.10	2.28	0.023**	0.93	1.07
가설2-2-4	알선청탁문화	-0.09	0.06	-0.07	-1.45	0.146	0.75	1.31
가설2-2-5	관료문화	0.09	0.06	0.07	1.55	0.121	0.77	1.29
설명력 (R^2)		0.041						
조정설명력 (Adj. R^2)		0.031						
사례수 (N)		500						
F값 (F)		4.191						
유의도 (p)		0.000***						

*** $P < 0.01$, ** $P < 0.05$, * $P < 0.10$

주) 다중회귀분석 결과 공차한계(tolerance) 0.10 이상, 분산팽창요인(VIF) 10 미만으로 다중공선성의 문제
는 제거되었음.

3. 법제도적 요인

가. 경찰부패 인식

법제도적 요인과 경찰부패 인식 간의 관련성을 분석하기 위하여 본 연
구에서는 "경찰부패는 엄중한 처벌만이 부패를 줄일 수 있다고 본다."라

는 가설2-3-1을 설정하였고, "경찰은 수사나 단속업무 수행상 뇌물과 재량권이 많다고 생각한다."라는 가설2-3-2를 설정하였다. 또한 "경찰부패는 경찰관들의 징계처벌이 약하기 때문에 자주 발생한다."라는 가설2-3-3을 설정하였고, "인사가 불투명하고 보수가 적기 때문에 부패가 발생한다고 본다."라는 가설2-3-4를 설정하였다. 본 연구에서는 가설2-3-1, 가설2-3-2, 가설2-3-3, 가설2-3-4를 검증하기 위하여 다중회귀분석(multiple regression)을 수행하여 다음과 같은 연구결과를 얻었다. 본 연구의 실증분석은 법제도적 요인의 하위변인으로 부패통제가능성, 재량권, 경찰처벌수준, 인사투명성 등의 변수가 설명변수로 연구모형에 투입되었고, 종속변수로 경찰부패 인식의 변수를 연구모형에 포함시켜 실증분석을 수행하였다.

법제도적 요인이 경찰부패 인식에 미친 영향을 분석한 결과, 재량권은 경찰부패 인식에 부정적인 영향을 미쳤다. 또한 부패통제가능성, 경찰처벌수준, 인사투명성은 경찰부패 인식에 의미 있는 영향을 미치지 못하였다. 본 연구의 분석결과는 다음과 같다. 분석결과를 보면 재량권(b=-0.14, t=-2.83, p⟨.01)은 경찰부패 인식에 유의한 부(-)의 영향을 미친 반면에, 부패통제가능성, 경찰처벌수준, 인사투명성은 경찰부패 인식에 유의한 영향을 미치지 않은 것으로 보인다. 본 연구에서 제시한 법제도적 요인이 경찰부패 인식에 미치는 영향력을 분석한 회귀모형의 설명력은 3.0%이고, 본 연구모형은 통계적으로 유의(F=3.82, p⟨0.01)한 것으로 검증되었다.

이러한 연구결과가 의미하는 것은 경찰은 수사나 단속업무 수행상 뇌물과 재량권이 많다고 해서 반드시 경찰부패가 심하게 발생하는 것은 아니라고 본다. 따라서 가설2-3-2는 채택된 반면에, 가설2-3-1, 가설2-3-3, 가설2-3-4는 기각되었다.

<표 4-16> 법제도적 요인이 경찰부패인식에 미치는 영향

가설	변수 (Variables)	비표준화 회귀계수 (B)	표준오차 (S.E)	표준화 회귀계수 (Beta)	t값 (t)	유의도 (p)	공차한계 (Tolerance)	분산팽창요인 (VIF)
	상수항	3.25	0.19		16.80	0.000***		
가설2-3-1	부패통제 가능성	-0.06	0.04	-0.07	-1.37	0.170	0.67	1.47
가설2-3-2	재량권	-0.14	0.04	-0.15	-2.83	0.005***	0.70	1.42
가설2-3-3	경찰처벌수준	0.03	0.05	0.03	0.63	0.524	0.69	1.43
가설2-3-4	인사투명성	0.03	0.03	0.05	1.08	0.278	0.85	1.17
설명력 (R²)		0.030						
조정설명력 (Adj. R²)		0.022						
사례수 (N)		500						
F값 (F)		3.823						
유의도 (p)		0.000***						

*** $P<0.01$, ** $P<0.05$, * $P<0.10$

주) 다중회귀분석 결과 공차한계(tolerance) 0.10 이상, 분산팽창요인(VIF) 10 미만으로 다중공선성의 문제
는 제거되었음.

나. 경찰 탐욕

법제도적 요인과 경찰 탐욕 간의 관련성을 분석하기 위하여 본 연구에
서는 "경찰부패는 엄중한 처벌만이 부패를 줄일 수 있다고 본다." 라는 가
설2-3-1을 설정하였고, "경찰은 수사나 단속업무 수행상 뇌물과 재량권
이 많다고 생각한다."라는 가설2-3-2를 설정하였다. 또한 "경찰부패는
경찰관들의 징계처벌이 약하기 때문에 자주 발생한다."라는 가설2-3-3
을 설정하였고, "인사가 불투명하고 보수가 적기 때문에 부패가 발생한다

고 본다."라는 가설2-3-4를 설정하였다. 본 연구에서는 가설2-3-1, 가설
2-3-2, 가설2-3-3, 가설2-3-4를 검증하기 위하여 다중회귀분석(multiple
regression)을 수행하여 다음과 같은 연구결과를 얻었다. 본 연구의 실증분석
은 법제도적 요인의 하위변인으로 부패통제가능성, 재량권, 경찰처벌수준,
인사투명성 등의 변수가 설명변수로 연구모형에 투입되었고, 종속변수로
경찰 탐욕의 변수를 연구모형에 포함시켜 실증분석을 수행하였다.

법제도적 요인이 경찰 탐욕에 미친 영향을 분석한 결과, 부패통제가능
성, 재량권, 경찰처벌수준, 인사투명성은 경찰 탐욕에 의미 있는 영향을 미
치지 못하였다. 본 연구의 연구모형은 통계적으로 유의하지 않은 것으로
검증되었다.

이러한 연구결과가 의미하는 것은 부패통제가능성, 재량권, 경찰처벌
수준, 인사투명성 등의 법제도적 요인은 경찰 탐욕과 관련성이 다른 요인
들에 비해서 상대적으로 낮다는 것을 의미한다. 따라서 가설2-3-1, 가설
2-3-2, 가설2-3-3, 가설2-3-4는 모두 기각되었다.

〈표 4-17〉 법제도적 요인이 경찰 탐욕에 미치는 영향

가설	변수 (Variables)	비표준화 회귀계수 (B)	표준오차 (S.E)	표준화 회귀계수 (Beta)	t값 (t)	유의도 (p)	공차한계 (Tolerance)	분산팽창요인 (VIF)
	상수항	2.88	0.23		12.49	0.000***		
가설2-3-1	부패통제 가능성	0.05	0.05	0.05	1.05	0.294	0.67	1.47
가설2-3-2	재량권	-0.05	0.05	-0.04	-0.86	0.386	0.70	1.42
가설2-3-3	경찰처벌 수준	-0.10	0.05	-0.09	-1.76	0.078*	0.69	1.43
가설2-3-4	인사투명성	0.01	0.04	0.01	0.33	0.741	0.85	1.17

가설	변수 (Variables)	비표준화 회귀계수 (B)	표준오차 (S.E)	표준화 회귀계수 (Beta)	t값 (t)	유의도 (p)	공차한계 (Tolerance)	분산팽창요인 (VIF)
	설명력 (R^2)					0.010		
	조정설명력 (Adj. R^2)					0.002		
	사례수 (N)					500		
	F값 (F)					1.238		
	유의도 (p)					0.294		

*** P⟨0.01, ** P⟨0.05, * P⟨0.10

주) 다중회귀분석 결과 공차한계(tolerance) 0.10 이상, 분산팽창요인(VIF) 10 미만으로 다중공선성의 문제
는 제거되었음.

다. 경찰 충동성

법제도적 요인과 경찰 충동성 간의 관련성을 분석하기 위하여 본 연구
에서는 "경찰부패는 엄중한 처벌만이 부패를 줄일 수 있다고 본다." 라는
가설2-3-1을 설정하였고, "경찰은 수사나 단속업무 수행상 뇌물과 재량
권이 많다고 생각한다."라는 가설2-3-2를 설정하였다. 또한 "경찰부패는
경찰관들의 징계처벌이 약하기 때문에 자주 발생한다."라는 가설2-3-3
을 설정하였고, "인사가 불투명하고 보수가 적기 때문에 부패가 발생한다
고 본다."라는 가설2-3-4를 설정하였다. 본 연구에서는 가설2-3-1, 가설
2-3-2, 가설2-3-3, 가설2-3-4를 검증하기 위하여 다중회귀분석을 수행
하여 다음과 같은 연구결과를 얻었다. 이 연구의 실증분석은 법제도적 요
인의 하위변인으로 부패통제가능성, 재량권, 경찰처벌수준, 인사투명성 등
의 변수가 설명변수로 연구모형에 투입되었고, 종속변수로 경찰 충동성의

변수를 연구모형에 포함시켜 실증분석을 수행하였다.

법제도적 요인이 경찰 충동성에 미친 영향을 분석한 결과, 부패통제가능성, 재량권은 경찰 충동성에 부정적인 영향을 미쳤다. 또한 경찰처벌수준, 인사투명성은 경찰 충동성에 의미 있는 영향을 미치지 못하였다. 본 연구의 분석결과는 다음과 같다. 분석결과를 보면 부패통제가능성(b=-0.18, t=-3.07, p<.01), 재량권(b=-0.16, t=-2.74, p<.01)은 재량권(b=-0.14, t=-2.83, p<.01)에 유의한 부(-)의 영향을 미친 반면에, 경찰처벌수준, 인사투명성은 경찰 충동성에 유의한 영향을 미치지 않은 것으로 보인다. 본 연구에서 제시한 법제도적 요인이 경찰 충동성에 미치는 영향력을 분석한 회귀모형의 설명력은 4.9%이고, 본 연구모형은 통계적으로 유의(F=6.40, p<0.01)한 것으로 검증되었다.

이러한 연구결과가 의미하는 것은 경찰부패는 엄중한 처벌만이 부패를 줄일 수 있거나, 경찰은 수사나 단속업무 수행상 뇌물과 재량권이 많다고 해서 반드시 경찰 충동성 높게 발생하는 것은 아니라고 본다. 따라서 가설2-3-1, 가설2-3-2는 채택된 반면에, 가설2-3-3, 가설2-3-4는 기각되었다.

〈표 4-18〉 법제도적 요인이 경찰 충동성에 미치는 영향

가설	변수 (Variables)	비표준화 회귀계수 (B)	표준오차 (S.E)	표준화 회귀계수 (Beta)	t값 (t)	유의도 (p)	공차한계 (Tolerance)	분산팽창요인 (VIF)
	상수항	3.43	0.23		14.41	0.000***		
가설2-3-1	부패통제 가능성	-0.18	0.05	-0.16	-3.07	0.002***	0.67	1.47
가설2-3-2	재량권	-0.16	0.06	-0.14	-2.74	0.006***	0.70	1.42

가설	변수 (Variables)	비표준화 회귀계수 (B)	표준오차 (S.E)	표준화 회귀계수 (Beta)	t값 (t)	유의도 (p)	공차한계 (Tolerance)	분산팽창요인 (VIF)
가설2-3-3	경찰처벌 수준	0.10	0.06	0.09	1.77	0.077*	0.69	1.43
가설2-3-4	인사투명성	0.05	0.04	0.05	1.19	0.231	0.85	1.17
설명력 (R^2)		0.049						
조정설명력 (Adj. R^2)		0.042						
사례수 (N)		500						
F값 (F)		6.408						
유의도 (p)		0.000***						

*** $P \langle 0.01$, ** $P \langle 0.05$, * $P \langle 0.10$

주) 다중회귀분석 결과 공차한계(tolerance) 0.10 이상, 분산팽창요인(VIF) 10 미만으로 다중공선성의 문제
는 제거되었음.

라. 경찰 금품수수

법제도적 요인과 경찰 금품수수 간의 관련성을 분석하기 위하여 본 연구에서는 "경찰부패는 엄중한 처벌만이 부패를 줄일 수 있다고 본다." 라는 가설2-3-1을 설정하였고, "경찰은 수사나 단속업무 수행상 뇌물과 재량권이 많다고 생각한다."라는 가설2-3-2를 설정하였다. 또한 "경찰부패는 경찰관들의 징계처벌이 약하기 때문에 자주 발생한다."라는 가설2-3-3을 설정하였고, "인사가 불투명하고 보수가 적기 때문에 부패가 발생한다고 본다."라는 가설2-3-4를 설정하였다. 본 연구에서는 가설2-3-1, 가설2-3-2, 가설2-3-3, 가설2-3-4를 검증하기 위하여 다중회귀분석(multiple regression)을 수행하여 다음과 같은 연구결과를 얻었다. 본 연구의 실증분석

은 법제도적 요인의 하위변인으로 부패통제가능성, 재량권, 경찰처벌수준, 인사투명성 등의 변수가 설명변수로 연구모형에 투입되었고, 종속변수로 경찰 금품수수의 변수를 연구모형에 포함시켜 실증분석을 수행하였다.

법제도적 요인이 경찰 금품수수에 미친 영향을 분석한 결과, 재량권은 경찰 금품수수에 부정적인 영향을 미쳤다. 또한 부패통제가능성, 경찰처벌수준, 인사투명성은 경찰 금품수수에 의미 있는 영향을 미치지 못하였다. 본 연구의 분석결과는 다음과 같다. 분석결과를 보면 재량권(b=-0.20, t=-3.29, p<.01)은 경찰 금품수수에 유의한 부(-)의 영향을 미친 반면에, 부패통제가능성, 경찰처벌수준, 인사투명성은 경찰 금품수수에 유의한 영향을 미치지 않은 것으로 보인다. 본 연구에서 제시한 법제도적 요인이 경찰 금품수수에 미치는 영향력을 분석한 회귀모형의 설명력은 3.4%이고, 본 연구모형은 통계적으로 유의(F=4.31, p<0.01)한 것으로 검증되었다.

이러한 연구결과가 의미하는 것은 경찰은 수사나 단속업무 수행상 뇌물과 재량권이 많다고 해서 반드시 경찰 금품수수가 심하게 발생하는 것은 아니라고 본다. 따라서 가설2-3-2는 채택된 반면에, 가설2-3-1, 가설2-3-3, 가설2-3-4는 기각되었다.

〈표 4-19〉 법제도적 요인이 경찰 금품수수에 미치는 영향

가설	변수 (Variables)	비표준화 회귀계수 (B)	표준오차 (S.E)	표준화 회귀계수 (Beta)	t값 (t)	유의도 (p)	공차한계 (Tolerance)	분산팽창요인 (VIF)
	상수항	3.43	0.24		14.29	0.000***		
가설2-3-1	부패통제 가능성	-0.07	0.05	-0.06	-1.28	0.199	0.67	1.47
가설2-3-2	재량권	-0.20	0.06	-0.17	-3.29	0.001***	0.70	1.42

가설	변수 (Variables)	비표준화 회귀계수 (B)	표준오차 (S.E)	표준화 회귀계수 (Beta)	t값 (t)	유의도 (p)	공차한계 (Tolerance)	분산팽창요인 (VIF)
가설2-3-3	경찰처벌 수준	0.09	0.06	0.07	1.48	0.139	0.69	1.43
가설2-3-4	인사투명성	0.05	0.04	0.05	1.12	0.263	0.85	1.17
설명력 (R^2)		0.034						
조정설명력 (Adj. R^2)		0.026						
사례수 (N)		500						
F값 (F)		4.314						
유의도 (p)		0.002***						

*** $P < 0.01$, ** $P < 0.05$, * $P < 0.10$

주) 다중회귀분석 결과 공차한계(tolerance) 0.10 이상, 분산팽창요인(VIF) 10 미만으로 다중공선성의 문제
는 제거되었음.

4. 인구사회학적 특성 요인

가. 경찰부패 인식

시민을 대상으로 부패인식에 대한 인구통계학적 특성 변인 간의 차이를
분석하기 위하여 "개인별 인구사회학적 특성이 경찰부패 인식에 영향을 끼
친다."라는 가설3을 설정하였다. 가설3-1을 구체적으로 검증하기 위하여
"성별에 따라 경찰부패 인식에 영향을 미친다." 라는 가설3-1-1, "연령에
따라 경찰부패 인식에 영향을 미친다." 라는 가설3-1-2, "직위가 경찰부
패 인식에 영향을 미친다." 라는 가설3-1-3, "근무경력에 따라 경찰부패

인식에 영향을 미친다." 라는 가설3-1-4, "학력에 따라 경찰부패 인식에 영향을 미친다." 라는 가설3-1-5를 설정하였다. 본 연구는 시민을 대상으로 가설3-1-1, 가설3-1-2, 가설3-1-3, 가설3-1-4, 가설3-1-5를 검증하기 위하여 독립표본 t-검정과 일원분산분석을 수행하여 다음과 같은 연구결과를 얻었다. 경찰부패 인식에 대해서 인구통계학적 특성 중에서 연령 간의 유의한 차이가 나타난 반면에, 성별, 직업, 지역, 학력 등은 경찰부패 인식에 유의한 차이가 없었다. 경찰부패 인식에 대해서 연령 중에서 60세 이후를 제외하고 19-29세(M=2.80, SD=0.89)가 평균값이 가장 높은 반면에, 40-50세(M=2.50, SD=0.88)는 가장 낮게 나타났다. 경찰부패 인식에 대해서 성별, 직업, 지역, 학력 등은 유의한 차이가 없었다. 이러한 연구결과가 의미하는 것은 시민들은 경찰공무원 부패인식에 대해서 경찰의 인구사회학적 특성 중에서 연령은 다른 인구사회학적 특성에 비해서 경찰부패 인식에 밀접하게 영향을 미치는 것으로 보인다. 따라서 가설3-1-2는 채택된 반면에, 가설3-1-1, 가설3-1-3, 가설3-1-4, 가설3-1-5는 모두 기각되었다.

〈표 4-20〉 경찰부패인식에 대한 인구사회학적 특성 간 차이

가설	구분		빈도수	평균	표준편차	t/F	p
가설3-1-1	성별	남자	312	2.81	0.88	1.35	0.178
		여자	188	2.70	0.93		
가설3-1-2	연령	19-29세	402	2.80	0.89	2.99	0.031**
		30-40세	52	2.62	0.97		
		40-50세	38	2.50	0.88		
		60세 이후	8	3.37	0.70		

가설	구분		빈도수	평균	표준편차	t/F	p
가설3-1-3	직업	무직	27	2.70	1.04	1.35	0.240
		대학생	399	2.80	0.89		
		상업	26	2.42	0.88		
		공무원	8	3.04	1.10		
		회사원	35	2.62	0.87		
		농축산업	5	3.06	0.64		
가설3-1-4	지역	서울	133	2.80	1.02	0.56	0.725
		경기	188	2.77	0.78		
		강원	45	2.73	0.84		
		충청도	94	2.69	0.92		
		경상도	29	3.00	0.95		
		전라도	11	2.63	1.17		
가설3-1-5	학력	고졸	380	2.75	0.93	1.01	0.387
		전문대졸	23	2.86	1.03		
		대졸	92	2.85	0.73		
		대학원 이상	5	2.20	0.86		

*** $P < 0.01$, ** $P < 0.05$, * $P < 0.10$

나. 개인적 요인

(1) 부패의미기준

시민을 대상으로 개인적 요인(부패의미 기준)에 대한 인구통계학적 특성 변인 간의 차이를 분석하기 위하여 "개인별 인구사회학적 특성이 부패의미 기준에 영향을 끼친다."라는 가설3-2를 설정하였다. 가설3-2를 구체적으로 검증하기 위하여 "성별에 따라 부패의미 기준에 영향을 미친다."라는 가설3-2-1, "연령에 따라 부패의미 기준에 영향을 미친다."라는 가설3-2-2, "직위가 부패의미 기준에 영향을 미친다."라는 가설3-2-3, "근무경력에 따라 부패의미 기준에 영향을 미친다."라는 가설3-2-4, "학력에 따라 부패의미 기준에 영향을 미친다."라는 가설3-2-5를 설정하였다. 본 연구는 시민을 대상으로 가설3-2-1, 가설3-2-2, 가설3-2-3, 가설3-2-4, 가설3-2-5를 검증하기 위하여 독립표본 t-검정과 일원분산분석을 수행하여 다음과 같은 연구결과를 얻었다. 부패의미 기준에 대해서 인구통계학적 특성 중에서 학력 간의 유의한 차이가 나타난 반면에, 성별, 연령, 직업, 지역 등은 부패의미 기준에 유의한 차이가 없었다. 부패의미 기준에 대해서 학력 중에서 고졸(M=3.44, SD=1.24)이 평균값이 가장 높은 반면에, 대학원 이상(M=1.73, SD=0.82)은 가장 낮게 나타났다. 부패의미 기준에 대해서 성별, 연령, 직업, 지역 등은 유의한 차이가 없었다. 이러한 연구결과가 의미하는 것은 시민들은 부패의미 기준에 대해서 경찰의 인구사회학적 특성 중에서 학력은 다른 인구사회학적 특성에 비해서 부패의미 기준에 밀접하게 영향을 미치는 것으로 보인다. 따라서 가설3-2-5는 채택된 반면에, 가설3-2-1, 가설3-2-2, 가설3-2-3, 가설3-2-4는 모두 기각되었다.

〈표 4-21〉 개인적 요인(부패의미 기준)에 대한 인구사회학적 특성 간 차이

가설	구분		빈도수	평균	표준편차	t/F	p
가설3-2-1	성별	남자	312	3.44	1.15	0.93	0.351
		여자	188	3.34	1.15		
가설3-2-2	연령	19-29세	402	3.39	1.19	0.15	0.925
		30-40세	52	3.50	0.89		
		40-50세	38	3.42	1.10		
		60세 이후	8	3.29	0.74		
가설3-2-3	직업	무직	27	3.58	0.94	1.59	0.159
		대학생	399	3.40	1.20		
		상업	26	3.52	0.78		
		공무원	8	2.33	1.32		
		회사원	35	3.37	0.94		
		농축산업	5	3.60	0.59		

가설	구분		빈도수	평균	표준편차	t/F	p
가설3-2-4	지역	서울	133	3.40	1.09	1.09	0.365
		경기	188	3.33	1.15		
		강원	45	3.22	1.31		
		충청도	94	3.60	1.17		
		경상도	29	3.34	1.19		
		전라도	11	3.72	0.90		
가설3-2-5	학력	고졸	380	3.44	1.24	3.85	0.010**
		전문대졸	23	3.30	0.87		
		대졸	92	3.34	0.72		
		대학원 이상	5	1.73	0.82		

*** P〈0.01, ** P〈0.05, * P〈0.10

(2) 경찰부패 요인

시민을 대상으로 개인적 요인(경찰부패 요인)에 대한 인구통계학적 특성 변인 간의 차이를 분석하기 위하여 "개인별 인구사회학적 특성이 경찰부패 요인에 영향을 끼친다."라는 가설3-3을 설정하였다. 가설3-3을 구체적으로 검증하기 위하여 "성별에 따라 경찰부패 요인에 영향을 미친다."라는 가설3-3-1, "연령에 따라 경찰부패 요인에 영향을 미친다."라는 가설3-3-2, "직위가 경찰부패 요인에 영향을 미친다."라는 가설3-3-3, "근무경력에 따라 경찰부패 요인에 영향을 미친다."라는 가설3-3-4, "학력에 따라 경찰부패 요인에 영향을 미친다."라는 가설3-3-5를 설정하였다. 본 연구는 시민을 대상으로 가설3-3-1, 가설3-3-2, 가설3-3-3, 가설3-3-4, 가설3-3-5를 검증하기 위하여 독립표본 t-검정(independent samples t-test)과 일원분산분석(one-way anova)을 수행하여 다음과 같은 연구결과를 얻었다. 경찰부패 요인에 대해서 인구통계학적 특성 중에서 연령, 직업, 지역 간의 유의한 차이가 나타난 반면에, 성별, 학력 등은 경찰부패 요인에 유의한 차이가 없

었다. 경찰부패 요인에 대해서 연령 중에서 60세 이후를 제외하고 40-50
세(M=4.00, SD=0.69)가 평균값이 가장 높은 반면에, 19-29세(M=3.48, SD=0.67)
는 가장 낮게 나타났다. 경찰부패 요인에 대해서 직업 중에서 무직(M=4.08,
SD=0.70)이 평균값이 가장 높은 반면에, 공무원(M=3.40, SD=0.44)은 가장 낮게
나타났다. 경찰부패 요인에 대해서 지역 중에서 서울(M=3.73, SD=0.77)이 평
균값이 가장 높은 반면에, 충청도(M=3.42, SD=0.66)는 가장 낮게 나타났다. 경
찰부패 요인에 대해서 성별, 학력 등은 유의한 차이가 없었다. 이러한 연구
결과가 의미하는 것은 시민들은 경찰부패 요인에 대해서 경찰의 인구사회
학적 특성 중에서 연령, 직업, 지역은 다른 인구사회학적 특성에 비해서 경
찰부패 요인에 밀접하게 영향을 미치는 것으로 보인다. 따라서 가설3-3-
2, 가설3-3-3, 가설3-3-4는 채택된 반면에, 가설3-3-1, 가설3-3-5는
기각되었다.

〈표 4-22〉 개인적 요인(경찰부패요인)에 대한 인구사회학적 특성 간 차이

가설	구분		빈도수	평균	표준편차	t/F	p
가설3-3-1	성별	남자	312	3.54	0.70	-1.28	0.200
		여자	188	3.62	0.72		
가설3-3-2	연령	19-29세	402	3.48	0.67	12.26	0.000***
		30-40세	52	3.90	0.80		
		40-50세	38	4.00	0.69		
		60세 이후	8	4.03	0.43		
가설3-3-3	직업	무직	27	4.08	0.70	8.57	0.000***
		대학생	399	3.48	0.68		
		상업	26	4.04	0.80		
		공무원	8	3.40	0.44		
		회사원	35	3.90	0.60		
		농축산업	5	3.65	0.48		

가설	구분		빈도수	평균	표준편차	t/F	p
가설3-3-4	지역	서울	133	3.73	0.77	2.73	0.019**
		경기	188	3.56	0.69		
		강원	45	3.42	0.66		
		충청도	94	3.42	0.64		
		경상도	29	3.62	0.60		
		전라도	11	3.45	0.90		
가설3-3-5	학력	고졸	380	3.54	0.72	1.70	0.164
		전문대졸	23	3.87	0.89		
		대졸	92	3.59	0.59		
		대학원 이상	5	3.80	0.32		

*** P<0.01, ** P<0.05, * P<0.10

다. 조직 문화적 요인

시민을 대상으로 조직 문화적 요인에 대한 인구통계학적 특성 변인 간의 차이를 분석하기 위하여 "개인별 인구사회학적 특성이 조직 문화적 요인에 영향을 끼친다."라는 가설3-4를 설정하였다. 가설3-4를 구체적으로 검증하기 위하여 "성별에 따라 조직 문화적 요인에 영향을 미친다."라는 가설3-4-1, "연령에 따라 조직 문화적 요인에 영향을 미친다."라는 가설3-4-2, "직위가 조직 문화적 요인에 영향을 미친다."라는 가설3-4-3, "근무경력에 따라 조직 문화적 요인에 영향을 미친다."라는 가설3-4-4, "학력에 따라 조직 문화적 요인에 영향을 미친다."라는 가설3-4-5를 설정하였다. 본 연구는 시민을 대상으로 가설3-4-1, 가설3-4-2, 가설3-4-3, 가설3-4-4, 가설3-4-5를 검증하기 위하여 독립표본 t-검정t)과 일원분산분석을 수행하여 다음과 같은 연구결과를 얻었다. 경찰부패 요인에 대해서 인구통계학적 특성은 모두 조직 문화적 요인에 유의한 차이가 있었다. 조직 문화적 요인에 대해서 성별 간의 차이를 보면 남자(M=3.45, SD=0.61)가 여자(M=3.29, SD=0.51)보다 더 높은 평균값의 차이를 보였다.

연령 중에서 30-40세(M=3.84, SD=0.74)가 평균값이 가장 높은 반면에, 60세 이후(M=3.05, SD=0.56)는 가장 낮게 나타났다. 조직 문화적 요인에 대해서 직업 중에서 회사원(M=3.84, SD=0.77)이 평균값이 가장 높은 반면에, 대학생(M=3.32, SD=0.50)은 가장 낮게 나타났다. 조직 문화적 요인에 대해서 지역 중에서 서울(M=3.54, SD=0.62)이 평균값이 가장 높은 반면에, 전라도(M=3.23, SD=0.33)는 가장 낮게 나타났다. 경찰부패 요인에 대해서 인구사회학적 특성 간의 유의한 차이가 나타났다. 이러한 연구결과가 의미하는 것은 시민들은 조직 문화적 요인은 다른 요인들에 비해서 인구통계학적 특성과 밀접한 관련이 있는 것으로 나타났다. 보인다. 따라서 가설304-1, 가설3-4-2, 가설3-4-3, 가설3-4-4, 가설3-4-5는 모두 채택되었다.

<표 4-23> 조직 문화적 요인에 대한 인구사회학적 특성 간 차이

가설	구분		빈도수	평균	표준편차	t/F	p
가설3-4-1	성별	남자	312	3.45	0.61	2.97	0.003***
		여자	188	3.29	0.51		
가설3-4-2	연령	19-29세	402	3.32	0.49	18.32	0.000***
		30-40세	52	3.84	0.74		
		40-50세	38	3.70	0.81		
		60세 이후	8	3.05	0.56		
가설3-4-3	직업	무직	27	3.58	0.75	8.81	0.000***
		대학생	399	3.32	0.50		
		상업	26	3.75	0.72		
		공무원	8	3.65	0.59		
		회사원	35	3.84	0.77		
		농축산업	5	3.36	0.81		

가설	구분		빈도수	평균	표준편차	t/F	p
가설3-4-4	지역	서울	133	3.54	0.62	2.50	0.030**
		경기	188	3.36	0.61		
		강원	45	3.37	0.58		
		충청도	94	3.31	0.49		
		경상도	29	3.34	0.37		
		전라도	11	3.23	0.33		
가설3-4-5	학력	고졸	380	3.34	0.55	6.85	0.000***
		전문대졸	23	3.83	0.66		
		대졸	92	3.49	0.64		
		대학원 이상	5	3.76	0.43		

*** P<0.01, ** P<0.05, * P<0.10

라. 법제도적 요인

시민을 대상으로 법제도적 요인에 대한 인구통계학적 특성 변인 간의 차이를 분석하기 위하여 "개인별 인구사회학적 특성이 법제도적 요인에 영향을 끼친다."라는 가설3-5를 설정하였다. 가설3-5를 구체적으로 검증하기 위하여 "성별에 따라 법제도적 요인에 영향을 미친다."라는 가설3-5-1, "연령에 따라 법제도적 요인에 영향을 미친다."라는 가설3-5-2, "직위가 법제도적 요인에 영향을 미친다."라는 가설3-5-3, "근무경력에 따라 법제도적 요인에 영향을 미친다."라는 가설3-5-4, "학력에 따라 법제도적 요인에 영향을 미친다."라는 가설3-5-5를 설정하였다. 본 연구는 시민을 대상으로 가설3-5-1, 가설3-5-2, 가설3-5-3, 가설3-5-4, 가설3-5-5를 검증하기 위하여 독립표본 t-검정과 일원분산분석을 수행하여 다음과 같은 연구결과를 얻었다. 법제도적 요인에 대해서 인구통계학적 특성 중에서 성별, 연령, 직업, 학력 등은 모두 법제도적 요인에 유의한 차이가 있었다. 법제도적 요인에 대해서 성별 간의 차이를 보면 여자(M=3.65,

SD=0.76)가 남자(M=3.48, SD=0.74)보다 더 높은 평균값의 차이를 보였다.

연령 중에서 19-29세(M=3.59, SD=0.70)가 평균값이 가장 높은 반면에, 60
세 이후(M=3.06, SD=0.70)는 가장 낮게 나타났다. 법제도적 요인에 대해서
직업 중에서 대학생(M=3.60, SD=0.70)이 평균값이 가장 높은 반면에, 농축산
업(M=3.15, SD=0.75)은 가장 낮게 나타났다. 조직 문화적 요인에 대해서 학
력 중에서 전문대졸(M=3.79, SD=0.65)이 평균값이 가장 높은 반면에, 대졸
(M=3.31, SD=0.76)은 가장 낮게 나타났다. 법제도적 요인에 대해서 인구사회
학적 특성 간의 유의한 차이가 나타났다. 이러한 연구결과가 의미하는 것
은 시민들은 법제도적 요인은 다른 요인들에 비해서 성별, 연령, 직업, 학력
등과 밀접한 관련이 있는 것으로 나타났다. 보인다. 따라서 가설3-5-1, 가
설3-5-2, 가설3-5-3, 가설3-5-5 등은 모두 채택되었다.

〈표 4-24〉 법제도적 요인에 대한 인구사회학적 특성 간 차이

가설	구분		빈도수	평균	표준편차	t/F	p
가설3-5-1	성별	남자	312	3.48	0.74	-2.39	0.017**
		여자	188	3.65	0.76		
가설3-5-2	연령	19-29세	402	3.59	0.70	3.64	0.013**
		30-40세	52	3.49	0.89		
		40-50세	38	3.25	1.00		
		60세 이후	8	3.06	0.70		
가설3-5-3	직업	무직	27	3.17	0.95	3.21	0.007***
		대학생	399	3.60	0.70		
		상업	26	3.55	0.95		
		공무원	8	3.56	0.78		
		회사원	35	3.23	0.84		
		농축산업	5	3.15	0.75		

가설	구분		빈도수	평균	표준편차	t/F	p
가설3-5-4	지역	서울	133	3.53	0.80	0.90	0.476
		경기	188	3.48	0.73		
		강원	45	3.61	0.74		
		충청도	94	3.56	0.75		
		경상도	29	3.73	0.75		
		전라도	11	3.79	0.77		
가설3-5-5	학력	고졸	380	3.59	0.75	4.24	0.006***
		전문대졸	23	3.79	0.64		
		대졸	92	3.31	0.76		
		대학원 이상	5	3.45	0.44		

*** P<0.01, ** P<0.05, * P<0.10

조사분석 결과의 논의

본 연구 분석에 나타난 연구결과를 바탕으로 연구가설의 채택 여부와 시민들의 경찰인식도 및 영향에 대한 연구가설의 채택 여부는 다음과 같이 나타났다.

1. 개인적 요인

경찰부패 인식

경찰부패 요인과 경찰부패 인식 연구에서는 부패의미기준에서 "명절 때 어느 정도 받아야 부패행위로 본다."라는 1-3 가설이 채택됐다. 부패의미 기준과 경찰 탐욕 간의 관련성에서는 "사건청탁으로 어느 정도 주어야 뇌물행위로 본다."라는 가설1-2만 채택됐다.

경찰 충동성에서는 "명절 시 돈을 받아 경찰서 운영비를 사용했다면 어

느 정도의 액수를 부패행위로 생각한다." 라는 가설1-1, "사건청탁으로 어
느 정도 주어야 뇌물행위로 본다."라는 가설1-2, "명절 때 어느 정도 받아
야 부패행위로 본다."라는 가설1-3 모두 채택되었다.

부패의미 기준과 경찰 금품수수 간의 관련성에서는 "명절 때 어느 정도
받아야 부패행위로 본다."라는 가설1-3이 채택되었다.(〈표 4-25〉참조)

〈표 4-25〉 부패의미 차이비교

가설	내용	채택 여부
부패인식가설1-1	명절 시 돈을 받아 경찰서 운영비를 사용했다면 어느 정도의 액수를 부패행위로 생각한다.	기각
가설1-2	사건청탁으로 어느 정도 주어야 뇌물행위로 본다.	기각
가설1-3	명절 때 어느 정도 받아야 부패행위로 본다.	채택
탐욕2-1	명절 시 돈을 받아 경찰서 운영비를 사용했다면 어느 정도의 액수를 부패행위로 생각한다.	기각
가설2-2	사건청탁으로 어느 정도 주어야 뇌물행위로 본다.	채택
가설2-3	명절 때 어느 정도 받아야 부패행위로 본다.	기각
충동성가설3-1	명절 시 돈을 받아 경찰서 운영비를 사용했다면 어느 정도의 액수를 부패행위로 생각한다.	채택
가설3-2	사건청탁으로 어느 정도 주어야 뇌물행위로 본다.	채택
가설3-3	명절 때 어느 정도 받아야 부패행위로 본다.	채택
금품수수가설4-1	명절 시 돈을 받아 경찰서 운영비를 사용했다면 어느 정도의 액수를 부패행위로 생각한다.	기각
가설4-2	사건청탁으로 어느 정도 주어야 뇌물행위로 본다.	기각
가설4-3	명절 때 어느 정도 받아야 부패행위로 본다.	채택

부패인식

부패인식에서는 "경찰관 윤리교육이나 청렴교육을 많이 받으면 청렴도
향상에 기여한다."라는 가설2-1-4는 채택됐다.

경찰 탐욕 간 연구에서는 "경찰부패는 개인적 탐욕이하고 본다."라는 가

설2-1-2와 "공무원이 부패로 엄정하게 징계처벌 받지 않는 경우 부패가 많을 것이다."라는 가설2-1-3이 채택됐다.

경찰부패 요인과 경찰 충동성 연구에서는 "경찰관 윤리교육이나 청렴교육을 많이 받으면 청렴도 향상에 기여한다."라는 가설2-1-4가 채택됐다.

경찰부패 요인과 경찰 금품수수 연구에서는 "경찰관 윤리교육이나 청렴교육을 많이 받으면 청렴도 향상에 기여한다."라는 가설2-1-4가 채택됐다.(〈표 4-26〉참조)

〈표 4-26〉 개인적 요인 연구가설 차이

가설	내용	채택 여부
가설2-1-1	경찰부패는 윤리의식이 낮기 때문이라고 생각한다.	기각
가설2-1-2	경찰부패는 개인적 탐욕이라고 본다.	기각
가설2-1-3	공무원이 부패로 엄정하게 징계처벌 받지 않는 경우 부패가 많을 것이다	기각
가설2-1-4	경찰관 윤리교육이나 청렴교육을 많이 받으면 청렴도 향상에 기여한다.	채택
경찰탐욕2-2-1-1	경찰부패는 윤리의식이 낮기 때문이라고 생각한다.	기각
가설2-1-2	경찰부패는 개인적 탐욕이라고 본다.	채택
가설2-2-3	공무원이 부패로 엄정하게 징계처벌 받지 않는 경우 부패가 많을 것이다	채택
가설2-2-4	경찰관 윤리교육이나 청렴교육을 많이 받으면 청렴도 향상에 기여한다.	기각
경찰충동성2-1-1	경찰부패는 윤리의식이 낮기 때문이라고 생각한다.	기각
2-1-2	경찰부패는 개인적 탐욕이라고 본다.	기각
2-1-3	공무원이 부패로 엄정하게 징계처벌 받지 않는 경우 부패가 많을 것이다	기각
2-1-4	경찰관 윤리교육이나 청렴교육을 많이 받으면 청렴도 향상에 기여한다.	채택
경찰금품수수 2-1-1	경찰부패는 윤리의식이 낮기 때문이라고 생각한다.	기각
2-1-2	경찰부패는 개인적 탐욕이라고 본다.	기각

가설	내용	채택 여부
2-1-3	공무원이 부패로 엄정하게 징계처벌 받지 않는 경우 부패가 많을 것이다	기각
2-1-4	경찰관 윤리교육이나 청렴교육을 많이 받으면 청렴도 향상에 기여한다.	채택

2. 조직문화적 요인

조직 문화적 요인과 경찰부패 인식 간의 관련성을 분석한 연구에서는 "경찰부패는 시민들이나 업자의 청탁과 뇌물제공이 원인이라고 본다."라는 가설2-2-1, "경찰부패는 동료의 관용적인 문화가 있기 때문이다."라는 가설2-2-2, "공무원이 부패로 징계를 받은 경우 운이 나빠 걸렸다고 본다."라는 가설2-2-3, "경찰의 알선청탁문화와 봐주기 문화가 부패를 조장한다."라는 가설2-2-4, "상납은 권위주의적이고 계층제적인 경찰조직문화 탓이라고 생각한다."라는 가설2-2-5를 설정하였다. 이 가설에서는 가설2-2-1, 가설2-2-2, 가설2-2-3, 가설2-2-4는 채택됐고 가설2-2-5는 기각되었다.

조직 문화적 요인과 경찰부패 인식 연구에서는 "경찰부패는 시민들이나 업자의 청탁과 뇌물제공이 원인이라고 본다." 라는 가설1, "경찰부패는 동료의 관용적인 문화가 있기 때문이다."라는 가설2, "공무원이 부패로 징계를 받은 경우 운이 나빠 걸렸다고 본다."라는 가설3 이 채택됐다.

조직 문화적 요인과 경찰 충동성에서는 "경찰부패는 시민들이나 업자의 청탁과 뇌물제공이 원인이라고 본다." 라는 가설1, "경찰부패는 동료의 관용적인 문화가 있기 때문이다."라는 가설2, "공무원이 부패로 징계를 받은 경우 운이 나빠 걸렸다고 본다."라는 가설3 이 채택됐다.

조직 문화적 요인과 경찰 금품수수 연구에서는 "경찰부패는 동료의 관용적인 문화가 있기 때문이다."라는 가설2과 "공무원이 부패로 징계를 받은 경우 운이 나빠 걸렸다고 본다."라는 가설3이 채택됐다.(〈표 4-27〉참조)

〈표 4-27〉 조직 문화적 차이비교

가설	내용	채택 여부
가설2-2-1	경찰부패는 시민들이나 업자의 청탁과 뇌물제공이 원인이라고 본다.	채택
가설2-2-2	경찰부패는 동료의 관용적인 문화가 있기 때문이다.	채택
가설2-2-3	공무원이 부패로 징계를 받은 경우 운이 나빠 걸렸다고 본다.	채택
가설2-2-4	경찰의 알선청탁문화와 봐주기 문화가 부패를 조장한다.	채택
가설2-2-5	상납은 권위주의적이고 계층제적인 경찰조직문화 탓이라고 생각한다.	기각
경찰탐욕가설 2-2-1	경찰부패는 시민들이나 업자의 청탁과 뇌물제공이 원인이라고 본다.	채택
가설2-2-2	경찰부패는 동료의 관용적인 문화가 있기 때문이다.	채택
가설2-2-3	공무원이 부패로 징계를 받은 경우 운이 나빠 걸렸다고 본다.	채택
가설2-2-4	경찰의 알선청탁문화와 봐주기 문화가 부패를 조장한다.	기각
가설2-2-5	상납은 권위주의적이고 계층제적인 경찰조직문화 탓이라고 생각한다.	기각
경찰충동성2-2-1	경찰부패는 시민들이나 업자의 청탁과 뇌물제공이 원인이라고 본다.	채택
2-2-2	경찰부패는 동료의 관용적인 문화가 있기 때문이다.	채택
2-2-3	공무원이 부패로 징계를 받은 경우 운이 나빠 걸렸다고 본다.	채택
2-2-4	경찰의 알선청탁문화와 봐주기 문화가 부패를 조장한다.	기각
2-2-5	상납은 권위주의적이고 계층제적인 경찰조직문화 탓이라고 생각한다.	기각

가설	내용	채택 여부
금품수수가설2-2-1	경찰부패는 시민들이나 업자의 청탁과 뇌물제공이 원인이라고 본다.	기각
가설2-2-2	경찰부패는 동료의 관용적인 문화가 있기 때문이다.	채택
가설2-2-3	공무원이 부패로 징계를 받은 경우 운이 나빠 걸렸다고 본다.	채택
가설2-2-4	경찰의 알선청탁문화와 봐주기 문화가 부패를 조장한다.	기각
가설2-2-5	상납은 권위주의적이고 계층제적인 경찰조직문화 탓이라고 생각한다.	기각

3. 법제도적 요인

법제도적 요인과 경찰부패 인식 간의 연구에서는 "경찰은 수사나 단속업무 수행상 뇌물과 재량권이 많다고 생각한다."라는 가설2-3-2가 채택됐다. 법제도적 요인과 경찰 탐욕 간의 연구에서는 "경찰부패는 엄중한 처벌만이 부패를 줄일 수 있다고 본다."라는 가설2-3-1, "경찰은 수사나 단속업무 수행상 뇌물과 재량권이 많다고 생각한다."라는 가설2-3-2, "경찰부패는 경찰관들의 징계처벌이 약하기 때문에 자주 발생한다."라는 가설2-3-3, "인사가 불투명하고 보수가 적기 때문에 부패가 발생한다고 본다."라는 가설2-3-4 모두 기각되었다.

법제도적 요인과 경찰 충동성 간의 관련성을 분석하기 위하여 본 연구에서는 "경찰부패는 엄중한 처벌만이 부패를 줄일 수 있다고 본다." 라는 가설2-3-1, "경찰은 수사나 단속업무 수행상 뇌물과 재량권이 많다고 생각한다."라는 가설2-3-2이 채택됐다.

법제도적 요인과 경찰 금품수수 간의 연구에서는 "경찰은 수사나 단속

업무 수행상 뇌물과 재량권이 많다고 생각한다."라는 가설2-3-2만 채택됐다.(〈표 4-28〉참조)

〈표 4-28〉 법제도적 차이비교

가설	내용	채택 여부
인식가설2-3-1	경찰부패는 엄중한 처벌만이 부패를 줄일 수 있다고 본다.	기각
가설2-3-2	경찰은 수사나 단속업무 수행상 뇌물과 재량권이 많다고 생각한다.	채택
가설2-3-3	경찰부패는 경찰관들의 징계처벌이 약하기 때문에 자주 발생한다.	기각
가설2-3-4	인사가 불투명하고 보수가 적기 때문에 부패가 발생한다고 본다.	기각
경찰탐욕가설 2-3-1	경찰부패는 엄중한 처벌만이 부패를 줄일 수 있다고 본다.	기각
가설2-3-2	경찰은 수사나 단속업무 수행상 뇌물과 재량권이 많다고 생각한다.	기각
가설2-3-3	경찰부패는 경찰관들의 징계처벌이 약하기 때문에 자주 발생한다.	기각
가설2-3-4	인사가 불투명하고 보수가 적기 때문에 부패가 발생한다고 본다.	기각
경찰충동가설2-3-1	경찰부패는 엄중한 처벌만이 부패를 줄일 수 있다고 본다.	채택
가설2-3-2	경찰은 수사나 단속업무 수행상 뇌물과 재량권이 많다고 생각한다.	채택
2-3-3	경찰부패는 경찰관들의 징계처벌이 약하기 때문에 자주 발생한다.	기각
2-3-4	인사가 불투명하고 보수가 적기 때문에 부패가 발생한다고 본다.	기각
금품수수가설2-3-1	경찰부패는 엄중한 처벌만이 부패를 줄일 수 있다고 본다.	기각
가설2-3-2	경찰은 수사나 단속업무 수행상 뇌물과 재량권이 많다고 생각한다.	채택

가설	내용	채택 여부
가설2-3-3	경찰부패는 경찰관들의 징계처벌이 약하기 때문에 자주 발생한다.	기각
가설2-3-4	인사가 불투명하고 보수가 적기 때문에 부패가 발생한다고 본다.	기각

인구사회학적 측면에서 성별 3-1-1은 기각, 연령3-1-2는 채택, 근무경력 3-1-4는 기각 학력 3-1-5는 기각되었다.(〈표 4-29〉참조).

〈표 4-29〉 인구사회학적 차이비교

가설	내용	채택 여부
가설3-1-1	성별에 따라 경찰부패 인식에 영향을 미친다.	기각
가설3-1-2	연령에 따라 경찰부패 인식에 영향을 미친다.	채택
가설3-1-3	직위가 경찰부패 인식에 영향을 미친다.	기각
가설3-1-4	근무경력에 따라 경찰부패 인식에 영향을 미친다.	기각
가설3-1-5	학력에 따라 경찰부패 인식에 영향을 미친다.	기각
부패의미가설 3-2-1	성별에 따라 경찰부패 인식에 영향을 미친다.	기각
가설3-2-2	연령에 따라 경찰부패 인식에 영향을 미친다.	기각
가설3-2-3	직위가 경찰부패 인식에 영향을 미친다.	기각
가설3-2-4	근무경력에 따라 경찰부패 인식에 영향을 미친다.	기각
가설3-2-5	학력에 따라 경찰부패 인식에 영향을 미친다.	채택
개인적 요인 가설 3-3-1	성별에 따라 경찰부패 요인에 영향을 미친다.	기각
가설3-3-2	연령에 따라 경찰부패 인식에 영향을 미친다.	채택
가설3-3-3	직위가 경찰부패 인식에 영향을 미친다.	채택
가설3-3-4	근무경력에 따라 경찰부패 인식에 영향을 미친다.	채택
가설3-3-5	학력에 따라 경찰부패 인식에 영향을 미친다.	기각
조직 문화적 요인 가설3-3-1	성별에 따라 경찰부패 요인에 영향을 미친다.	채택
3-3-2	연령에 따라 경찰부패 인식에 영향을 미친다.	채택
3-3-3	직위가 경찰부패 인식에 영향을 미친다.	채택

가설	내용	채택 여부
3-3-4	근무경력에 따라 경찰부패 인식에 영향을 미친다.	채택
3-3-5	학력에 따라 경찰부패 인식에 영향을 미친다.	채택
법제도적 요인 가설 3-3-1	성별에 따라 경찰부패 요인에 영향을 미친다.	채택
가설3-3-2	연령에 따라 경찰부패 인식에 영향을 미친다.	채택
가설3-3-3	직위가 경찰부패 인식에 영향을 미친다.	채택
가설3-3-4	근무경력에 따라 경찰부패 인식에 영향을 미친다.	채택
가설3-3-5	학력에 따라 경찰부패 인식에 영향을 미친다.	채택

제5장

결론

부패문제의 해결은 단순한 처벌이나 제도적 방안을 강화하는 것이 중요하다는 측면과 함께 부패관행과 부패친화적 문화의 변화가 우선이라고 주장하는 측면이 있다. 또한 공직자 개개인의 윤리관과 청렴이 중요하다고 보는 학설도 있다. 부패가 워낙 수면하의 빙산처럼 괴물적 존재로 비치기 때문에 어떤 방안으로 척결해야 하는 것은 이론의 여지가 많다. 그래서 개인적, 법적, 문화적 방안을 모두 수용해야 하는 통합적인 시각도 있다.

본 연구를 통해 다음과 같은 결론을 요약할 수 있다. 첫째, 부패의미 기준이 경찰부패 인식에 미친 영향을 분석한 결과, 경찰관의 금품수수는 시민들의 경찰부패 인식에 부정적인 영향을 미친다. 반면에, 탐욕과 충동성은 경찰부패 인식에 의미 있는 영향을 미치지 못하였다. 청렴도 조사에서는 경찰부패의 원인으로 지목하는 명절이나 사건청탁으로 돈을 받는 사례를 뇌물이나 부패로 보았지만 본 연구조사에서는 경찰운영비나 어느 정도 소액의 금품을 받았다고 해서 부패행위로 보지 않는 다는 점은 상당한 차이를 보였다. 이와 같이 시민들의 경찰부패의 인식은 기존 국민권익위원회나 경찰청 등 국가기관에서의 청렴도 조사와는 차이가 있는 것으로 보인다.

둘째, 시민들의 개인적 요인을 살펴보면 다음과 같다. 경찰부패 요인이 경찰부패 인식에 미친 영향을 분석한 결과, 탐욕이 경찰부패 인식에 부정적인 영향을 미친 반면에, 윤리의식, 충동성, 청렴교육은 경찰부패 인식에 의미 있는 영향을 미치지 못하였다. 경찰 충동성에 미친 영향을 분석한 결과, 탐욕이 경찰 충동성에 부정적인 영향을 미친 반면에, 윤리의식, 충동성, 청렴교육은 경찰 충동성에 의미 있는 영향을 미치지 못하였다. 경찰부패 요인이 경찰 금품수수에 미친 영향을 분석한 결과, 탐욕이 경찰 금품수수에 부정적인 영향을 미친 반면에, 윤리의식, 충동성, 청렴교육은 경찰 금품수수에 의미 있는 영향을 미치지 못하였다.

이와 같은 연구결과는 일반적 관료부패의 주요인이 공직자 개인의 탐욕이나 욕망이 부패의 한 원인이라고 보았는데 이번 연구조사결과도 경찰관의 개인적 탐욕이나 욕심이 금품수수를 행태를 보인다고 할 수 있다는 것이고 탐욕이 높다는 것은 경찰부패로 귀인 된다고 볼 수 있다. 또한 청렴교육이 경찰의 반부패에 의미 있는 영향을 끼친다고 볼 수 있다.

셋째, 조직 문화적 요인을 살펴보면 다음과 같다. 조직 문화적 요인이 경찰부패 인식에 미친 영향을 분석한 결과, 청탁문화, 조직문화는 경찰부패 인식에 긍정적인 영향을 미친 반면에, 상납문화, 알선청탁문화는 경찰부패 인식에 부정적인 영향을 미쳤다. 조직 문화적 요인이 경찰 금품수수에 미친 영향을 분석한 결과, 조직문화는 경찰 금품수수에 긍정적인 영향을 미친 반면에, 상납문화는 경찰 금품수수에 부정적인 영향을 미쳤다. 또한 알선청탁문화와 관료문화는 경찰 금품수수에 의미 있는 영향을 미치지 못하였다. 경찰 금품수수는 공무원이 부패로 징계 받는 경우 운이 나빠서 걸렸다고 인식하고 있는 반면에, 경찰 금품수수는 동료의 부패나 뇌물수수에 관용적인 조직문화가 부패를 조장하기 때문에 경찰 금품수수가 높아지는 것으로 보인다. 시민들은 부패사건의 징계는 개개인의 운이 나빠서 발생한다고 보았다는 사실이다. 그만큼 경찰부패는 많이 발생하지만 운이 없어 적발되고 징계 받는다고 보았다.

넷째, 법제도적 측면을 살펴보면 다음과 같다. 법제도적 요인이 경찰부패 인식에 미친 영향을 분석한 결과, 재량권은 경찰부패 인식에 부정적인 영향을 미쳤다. 또한 부패통제가능성, 경찰처벌수준, 인사투명성은 경찰부패 인식에 의미 있는 영향을 미치지 못하였다. 또한 법제도적 요인이 경찰 금품수수에 미친 영향을 분석한 결과, 재량권은 경찰 금품수수에 부정적인 영향을 미쳤다. 또한 부패통제가능성, 경찰처벌수준, 인사투명성은 경찰 금품수수에 의미 있는 영향을 미치지 못하였다. 처벌수준, 인사투명성은 경찰 충동성에 의미 있는 영향을 미치지 못하였다. 결국 경찰이 가지고 있는 경찰재량권은 경찰부패의 주요 요인이라고 시민들은 보았다는 것이다.

다섯째, 인구사회학적 측면을 살펴보면 다음과 같다. 경찰부패 인식에 대해서 성별, 직업, 지역, 학력 등은 유의한 차이가 없었다. 다만 시민들은 경찰공무원 부패인식에 대해서 경찰의 인구사회학적 특성 중에서 연령은 다른 인구사회학적 특성에 비해서 경찰부패 인식에 밀접하게 영향을 미치는 것으로 나타났다.

본 연구는 가상시나리오 설문을 활용하여 경찰 부패요인을 측정하였다. 가상시나리오에 기반을 둔 연구로서 현실에서의 대응이 다를 수 있고 응답자는 응답지에 제시된 답변 중에서만 선택이 가능하다든지 그리고 비교학적 연구로서 시간의 흐름에 따라 결과가 상이할 수 있다는 한계가 있다. 그러나 시민들의 부패인식을 통해 경찰부패방지 방안을 만들어 종합적으로 추진하는 것이 중요하다고 본다. 경찰청렴방안은 중단기적인 처방과 장기적인 처방으로 나누어서 통합적으로 추진하는 것이 필요하다고 본다.

첫째, 단기적 방안으로는 경찰공무원의 부패인식과 조직문화적 특성 등을 고려하여 청렴교육이나 윤리적 처방을 강화해 나가는 것이 필요하다. 본 연구조사에서도 경찰관의 탐욕이 경찰 금품수수에 부정적인 영향을 미친 것으로 나타났듯이 경찰 개개인의 청렴교육과 윤리관 확립은 매우 중요하다고 본다. 바른 가치관, 공정한 가치관, 투명한 가치관, 법적 책임감, 도덕적 책임감을 형성하고 체화할 수 있는 교육프로그램의 실시가 중요하다. 그동안 윤리교육이나 청렴교육이 일회성에 그친다든지 이벤트성 반부패 청렴대회나 교육은 효과적이지 못하고 실패하였다는 것으로 평가 됐다. 과거의 한국경찰 윤리교육은 형식적이고 전시적인 측면이 강했다고 본다. 경찰윤리관 형성은 국가관이나 경찰혼과도 연결되기 때문에 좀 더 심도 있는 교육방안을 마련하여 실시하는 것이 필요하다.

둘째, 중기적 방안으로서 경찰에 잔존하고 있는 인사나 승진상의 비리를 척결하는 투명한 시스템을 만들어가고 정착하는 방안이 필요하다. 경찰관들의 불만과 불투명성을 해소하고 납득할 수 있는 인사의 투명성을 만들어가는 시스템의 운용이야말로 경찰관의 사기진작과 직무만족을 가져올 수 있다고 본다. 인사나 승진의 스트레스로 인해 조직이 비합리적으로 운영된다면 시민들의 경찰서비스도 저하될 분명하다고 본다. 경찰관 개개인이 승진에 누락되고 가능성이 없어 보인다면 조직에 대한 충성심이나 도덕성은 감소될 것이다. 이를 위해서는 근무성적평정의 평가 공개, 주관적 평가의 축소, 사후 평가 등이 필요하다. 또한 승진위원회 구성시 시민단체나 전문가 등 외부평가를 더욱 강화해야 할 것이다.

셋째, 장기적 방안으로는 법제도적 방안을 강화하는 것이 필요하다. 경찰재량권 축소나 법적인 오해 소지 측면을 개정하여 투명성을 강화해 나가야 한다. 이를 위해 경찰옴부즈만 설치, 경찰위원회 외부 위원 강화, 총경 이상 간부급의 청렴도조사 및 평가공개, 경찰수사과정의 공정성 강화 등이 중요하다. 시민들은 경찰의 수사편의나 무마를 위해 금품이나 뇌물로 청탁하거나 향응을 시도하려고 한다. 이와 같은 시도는 경찰업무나 문화가 부패친화적 환경이라고 믿는 시민의 인식이 뿌리 깊게 박혀있기 때문이다. 수사처리절차의 시작부터 종료 시까지 공개와 투명한 시스템을 보장하도록 변호사를 채용하여 '수사전문청문관'을 확대하여야 할 것이다.

지금까지 경찰에 대한 시민의 부패인식과 방안을 고찰하였다. 경찰부패의 인식도와 원인 등을 연구하였는데 부패는 단시일에 해결되는 것이 아니기 때문에 지속가능한 중장기 반부패 정책을 프로그램을 실행하여야 한다. 본 연구의 조사 결과는 경찰부패의 인식과 요인을 분석하는데 유용한 의미성을 제공하였다. 재량권이나 경찰의 조직문화가 부패의 요인으로 지목되고 있으며 경찰의 상납문화가 있다는 시민들의 인식은 시사점이 매우 크다고 본다. 그러나 본 연구가 최초 의도했던 현직경찰관과 시민과의 부패요인분석 비교가 미흡한 점이라든지 부패요인별 청렴정책과제를 제시하지 못하고 부패요인만 분석한 점은 본 연구의 한계라고 본다. 따라서 향후 본 연구를 토대로 비교연구를 통해 경찰부패 요인을 분석하고 청렴정책과제 프로그램을 마련하여 추진하는 것이 필요하다고 본다.

그동안 우리 경찰은 일제 및 미군정시의 경찰문화잔재라고 볼 수 있는 권력지상주의, 권위주의, 조직문화주의 등 부정적인 의식과 관행을 버리고 시민을 위한 경찰혁신을 형성하여 공익과 서비스 정신, 공복관, 민주주의, 합리주의, 시민우선주의, 투명한 경찰행정으로 변화하도록 노력해야 한다. 변화와 혁신은 경찰의 시대적 요구이고 당위라고 본다. 현재 국제사회에서 부패수준이 국가경쟁력의 지표로 평가되고 있다. 부패문제는 국가 내부의 문제를 떠나 국제간 인류의 문제요 지구촌 존립의 의제로 부각되고 있다. 이러한 상황에서 우리 정부가 경찰부패문제를 해결함으로써 투명성을 제고하고, 향후 국가 치안경쟁력과 치안서비스를 강화 해 나갈 수 있는 전기를 마련하는 것은 당위이고 절체절명의 과제라고 본다. 그 첩경은 청렴과 반부패라고 연구자는 주장하고 싶다.

부정청탁 및 금품 등의 수수(收受)의금지에 관한 법(청탁금지법)

제1장 총칙

제1조(목적)

이 법은 공직자 등에 대한 부정청탁 및 공직자 등의 금품 등의 수수(收受)를 금지함으로써 공직자 등의 공정한 직무수행을 보장하고 공공기관에 대한 국민의 신뢰를 확보하는 것을 목적으로 한다.

제2조(정의)

이 법에서 사용하는 용어의 뜻은 다음과 같다.

1. "공공기관"이란 다음 각 목의 어느 하나에 해당하는 기관 · 단체를 말한다.

가. 국회, 법원, 헌법재판소, 선거관리위원회, 감사원, 국가인권위원회, 중앙행정기관(대통령 소속 기관과 국무총리 소속 기관을 포함한다)과 그 소속 기관 및 지방자치단체

나. 「공직자윤리법」 제3조의2에 따른 공직유관단체

다. 「공공기관의 운영에 관한 법률」 제4조에 따른 기관

라. 「초 · 중등교육법」, 「고등교육법」, 「유아교육법」 및 그 밖의 다른 법령에 따라 설치된 각급 학교 및 「사립학교법」에 따른 학교법인

마. 「언론중재 및 피해구제 등에 관한 법률」 제2조제12호에 따른 언론사

2. "공직자등"이란 다음 각 목의 어느 하나에 해당하는 공직자 또는 공적 업무 종사자를 말한다.

가. 「국가공무원법」 또는 「지방공무원법」에 따른 공무원과 그 밖에 다른 법률에 따라 그 자격 · 임용 · 교육훈련 · 복무 · 보수 · 신분보장 등에 있어서 공무원으로 인정된 사람

나. 제1호나목 및 다목에 따른 공직유관단체 및 기관의 장과 그 임직원

다. 제1호라목에 따른 각급 학교의 장과 교직원 및 학교법인의 임직원

라. 제1호마목에 따른 언론사의 대표자와 그 임직원

3. "금품등"이란 다음 각 목의 어느 하나에 해당하는 것을 말한다.

가. 금전, 유가증권, 부동산, 물품, 숙박권, 회원권, 입장권, 할인권, 초대권, 관람권, 부동산 등의 사용권 등 일체의 재산적 이익

나. 음식물 · 주류 · 골프 등의 접대 · 향응 또는 교통 · 숙박 등의 편의 제공

다. 채무 면제, 취업 제공, 이권(利權) 부여 등 그 밖의 유형 · 무형의 경제적 이익

4. "소속기관장"이란 공직자등이 소속된 공공기관의 장을 말한다.

제3조(국가 등의 책무)

① 국가는 공직자가 공정하고 청렴하게 직무를 수행할 수 있는 근무 여건을 조성하기 위하여 노력하여야 한다.

② 공공기관은 공직자등의 공정하고 청렴한 직무수행을 보장하기 위하여 부정청탁 및 금품등의 수수를 용인(容認)하지 아니하는 공직문화 형성에 노력하여야 한다.

③ 공공기관은 공직자등이 위반행위 신고 등 이 법에 따른 조치를 함으로써 불이익을 당하지 아니하도록 적절한 보호조치를 하여야 한다.

제4조(공직자등의 의무)

① 공직자등은 사적 이해관계에 영향을 받지 아니하고 직무를 공정하고 청렴하게 수행하여야 한다.

② 공직자등은 직무수행과 관련하여 공평무사하게 처신하고 직무관련자를 우대하거나 차별해서는 아니 된다.

제2장 부정청탁의 금지 등

제5조(부정청탁의 금지)

① 누구든지 직접 또는 제3자를 통하여 직무를 수행하는 공직자등에게 다음 각 호
의 어느 하나에 해당하는 부정청탁을 해서는 아니 된다.
[개정 2016.5.29 제14183호(병역법)]
[[시행일 2016.11.30.]]

1. 인가 · 허가 · 면허 · 특허 · 승인 · 검사 · 검정 · 시험 · 인증 · 확인 등 법령(조
   례 · 규칙을 포함한다. 이하 같다)에서 일정한 요건을 정하여 놓고 직무관련자로부터
   신청을 받아 처리하는 직무에 대하여 법령을 위반하여 처리하도록 하는 행위
2. 인가 또는 허가의 취소, 조세, 부담금, 과태료, 과징금, 이행강제금, 범칙금, 징계
   등 각종 행정처분 또는 형벌부과에 관하여 법령을 위반하여 감경 · 면제하도록
   하는 행위
3. 채용 · 승진 · 전보 등 공직자등의 인사에 관하여 법령을 위반하여 개입하거나
   영향을 미치도록 하는 행위
4. 법령을 위반하여 각종 심의 · 의결 · 조정 위원회의 위원, 공공기관이 주관하는
   시험 · 선발 위원 등 공공기관의 의사결정에 관여하는 직위에 선정 또는 탈락되
   도록 하는 행위
5. 공공기관이 주관하는 각종 수상, 포상, 우수기관 선정 또는 우수자 선발에 관하
   여 법령을 위반하여 특정 개인 · 단체 · 법인이 선정 또는 탈락되도록 하는 행위
6. 입찰 · 경매 · 개발 · 시험 · 특허 · 군사 · 과세 등에 관한 직무상 비밀을 법령을
   위반하여 누설하도록 하는 행위
7. 계약 관련 법령을 위반하여 특정 개인 · 단체 · 법인이 계약의 당사자로 선정 또
   는 탈락되도록 하는 행위
8. 보조금 · 장려금 · 출연금 · 출자금 · 교부금 · 기금 등의 업무에 관하여 법령을
   위반하여 특정 개인 · 단체 · 법인에 배정 · 지원하거나 투자 · 예치 · 대여 · 출
   연 · 출자하도록 개입하거나 영향을 미치도록 하는 행위
9. 공공기관이 생산 · 공급 · 관리하는 재화 및 용역을 특정 개인 · 단체 · 법인에게

법령에서 정하는 가격 또는 정상적인 거래관행에서 벗어나 매각·교환·사용·수익·점유하도록 하는 행위

10. 각급 학교의 입학·성적·수행평가 등의 업무에 관하여 법령을 위반하여 처리·조작하도록 하는 행위

11. 병역판정검사, 부대 배속, 보직 부여 등 병역 관련 업무에 관하여 법령을 위반하여 처리하도록 하는 행위

12. 공공기관이 실시하는 각종 평가·판정 업무에 관하여 법령을 위반하여 평가 또는 판정하게 하거나 결과를 조작하도록 하는 행위

13. 법령을 위반하여 행정지도·단속·감사·조사 대상에서 특정 개인·단체·법인이 선정·배제되도록 하거나 행정지도·단속·감사·조사의 결과를 조작하거나 또는 그 위법사항을 묵인하게 하는 행위

14. 사건의 수사·재판·심판·결정·조정·중재·화해 또는 이에 준하는 업무를 법령을 위반하여 처리하도록 하는 행위

15. 제1호부터 제14호까지의 부정청탁의 대상이 되는 업무에 관하여 공직자등이 법령에 따라 부여받은 지위·권한을 벗어나 행사하거나 권한에 속하지 아니한 사항을 행사하도록 하는 행위

② 제1항에도 불구하고 다음 각 호의 어느 하나에 해당하는 경우에는 이 법을 적용하지 아니한다.

1. 「청원법」, 「민원사무 처리에 관한 법률」, 「행정절차법」, 「국회법」 및 그 밖의 다른 법령·기준(제2조제1호나목부터 마목까지의 공공기관의 규정·사규·기준을 포함한다. 이하 같다)에서 정하는 절차·방법에 따라 권리침해의 구제·해결을 요구하거나 그와 관련된 법령·기준의 제정·개정·폐지를 제안·건의하는 등 특정한 행위를 요구하는 행위

2. 공개적으로 공직자등에게 특정한 행위를 요구하는 행위

3. 선출직 공직자, 정당, 시민단체 등이 공익적인 목적으로 제3자의 고충민원을 전달하거나 법령·기준의 제정·개정·폐지 또는 정책·사업·제도 및 그 운영 등의 개선에 관하여 제안·건의하는 행위

4. 공공기관에 직무를 법정기한 안에 처리하여 줄 것을 신청·요구하거나 그 진행

상황·조치결과 등에 대하여 확인·문의 등을 하는 행위

5. 직무 또는 법률관계에 관한 확인·증명 등을 신청·요구하는 행위

6. 질의 또는 상담형식을 통하여 직무에 관한 법령·제도·절차 등에 대하여 설명이나 해석을 요구하는 행위

7. 그 밖에 사회상규(社會常規)에 위배되지 아니하는 것으로 인정되는 행위

제6조(부정청탁에 따른 직무수행 금지)

부정청탁을 받은 공직자등은 그에 따라 직무를 수행해서는 아니 된다.
칙

제7조(부정청탁의 신고 및 처리)

① 공직자등은 부정청탁을 받았을 때에는 부정청탁을 한 자에게 부정청탁임을 알리고 이를 거절하는 의사를 명확히 표시하여야 한다.

② 공직자등은 제1항에 따른 조치를 하였음에도 불구하고 동일한 부정청탁을 다시 받은 경우에는 이를 소속기관장에게 서면(전자문서를 포함한다. 이하 같다)으로 신고하여야 한다.

③ 제2항에 따른 신고를 받은 소속기관장은 신고의 경위·취지·내용·증거자료 등을 조사하여 신고 내용이 부정청탁에 해당하는지를 신속하게 확인하여야 한다.

④ 소속기관장은 부정청탁이 있었던 사실을 알게 된 경우 또는 제2항 및 제3항의 부정청탁에 관한 신고·확인 과정에서 해당 직무의 수행에 지장이 있다고 인정하는 경우에는 부정청탁을 받은 공직자등에 대하여 다음 각 호의 조치를 할 수 있다.

1. 직무 참여 일시중지

2. 직무 대리자의 지정

3. 전보

4. 그 밖에 국회규칙, 대법원규칙, 헌법재판소규칙, 중앙선거관리위원회규칙 또는

대통령령으로 정하는 조치

⑤ 소속기관장은 공직자등이 다음 각 호의 어느 하나에 해당하는 경우에는 제4항에도 불구하고 그 공직자등에게 직무를 수행하게 할 수 있다. 이 경우 제20조에 따른 소속기관의 담당관 또는 다른 공직자등으로 하여금 그 공직자등의 공정한 직무수행 여부를 주기적으로 확인·점검하도록 하여야 한다.

1. 직무를 수행하는 공직자등을 대체하기 지극히 어려운 경우

2. 공직자등의 직무수행에 미치는 영향이 크지 아니한 경우

3. 국가의 안전보장 및 경제발전 등 공익증진을 이유로 직무수행의 필요성이 더 큰 경우

⑥ 공직자등은 제2항에 따른 신고를 감독기관·감사원·수사기관 또는 국민권익위원회에도 할 수 있다.

⑦ 소속기관장은 다른 법령에 위반되지 아니하는 범위에서 부정청탁의 내용 및 조치사항을 해당 공공기관의 인터넷 홈페이지 등에 공개할 수 있다.

⑧ 제1항부터 제7항까지에서 규정한 사항 외에 부정청탁의 신고·확인·처리 및 기록·관리·공개 등에 필요한 사항은 대통령령으로 정한다.

제3장 금품등의 수수 금지 등

제8조(금품등의 수수 금지)

① 공직자등은 직무 관련 여부 및 기부·후원·증여 등 그 명목에 관계없이 동일인으로부터 1회에 100만원 또는 매 회계연도에 300만원을 초과하는 금품등을 받거나 요구 또는 약속해서는 아니 된다.

② 공직자등은 직무와 관련하여 대가성 여부를 불문하고 제1항에서 정한 금액 이하의 금품등을 받거나 요구 또는 약속해서는 아니 된다.

③ 제10조의 외부강의등에 관한 사례금 또는 다음 각 호의 어느 하나에 해당하는 금품등의 경우에는 제1항 또는 제2항에서 수수를 금지하는 금품등에 해당하지 아니한다.

1. 공공기관이 소속 공직자등이나 파견 공직자등에게 지급하거나 상급 공직자등이

위로 · 격려 · 포상 등의 목적으로 하급 공직자등에게 제공하는 금품등

2. 원활한 직무수행 또는 사교 · 의례 또는 부조의 목적으로 제공되는 음식물 · 경조사비 · 선물 등으로서 대통령령으로 정하는 가액 범위 안의 금품등

3. 사적 거래(증여는 제외한다)로 인한 채무의 이행 등 정당한 권원(權原)에 의하여 제공되는 금품등

4. 공직자등의 친족(「민법」 제777조에 따른 친족을 말한다)이 제공하는 금품등

5. 공직자등과 관련된 직원상조회 · 동호인회 · 동창회 · 향우회 · 친목회 · 종교단체 · 사회단체 등이 정하는 기준에 따라 구성원에게 제공하는 금품등 및 그 소속 구성원 등 공직자등과 특별히 장기적 · 지속적인 친분관계를 맺고 있는 자가 질병 · 재난 등으로 어려운 처지에 있는 공직자등에게 제공하는 금품등

6. 공직자등의 직무와 관련된 공식적인 행사에서 주최자가 참석자에게 통상적인 범위에서 일률적으로 제공하는 교통, 숙박, 음식물 등의 금품등

7. 불특정 다수인에게 배포하기 위한 기념품 또는 홍보용품 등이나 경연 · 추첨을 통하여 받는 보상 또는 상품 등

8. 그 밖에 다른 법령 · 기준 또는 사회상규에 따라 허용되는 금품등

④ 공직자등의 배우자는 공직자등의 직무와 관련하여 제1항 또는 제2항에 따라 공직자등이 받는 것이 금지되는 금품등(이하 "수수 금지 금품등"이라 한다)을 받거나 요구하거나 제공받기로 약속해서는 아니 된다.

⑤ 누구든지 공직자등에게 또는 그 공직자등의 배우자에게 수수 금지 금품등을 제공하거나 그 제공의 약속 또는 의사표시를 해서는 아니 된다.

제9조(수수 금지 금품등의 신고 및 처리)

① 공직자등은 다음 각 호의 어느 하나에 해당하는 경우에는 소속기관장에게 지체 없이 서면으로 신고하여야 한다.

1. 공직자등 자신이 수수 금지 금품등을 받거나 그 제공의 약속 또는 의사표시를 받은 경우

2. 공직자등이 자신의 배우자가 수수 금지 금품등을 받거나 그 제공의 약속 또는 의사표시를 받은 사실을 안 경우

② 공직자등은 자신이 수수 금지 금품등을 받거나 그 제공의 약속이나 의사표시를 받은 경우 또는 자신의 배우자가 수수 금지 금품등을 받거나 그 제공의 약속이나 의사표시를 받은 사실을 알게 된 경우에는 이를 제공자에게 지체 없이 반환하거나 반환하도록 하거나 그 거부의 의사를 밝히거나 밝히도록 하여야 한다. 다만, 받은 금품등이 다음 각 호의 어느 하나에 해당하는 경우에는 소속기관장에게 인도하거나 인도하도록 하여야 한다.

1. 멸실·부패·변질 등의 우려가 있는 경우
2. 해당 금품등의 제공자를 알 수 없는 경우
3. 그 밖에 제공자에게 반환하기 어려운 사정이 있는 경우

③ 소속기관장은 제1항에 따라 신고를 받거나 제2항 단서에 따라 금품등을 인도받은 경우 수수 금지 금품등에 해당한다고 인정하는 때에는 반환 또는 인도하게 하거나 거부의 의사를 표시하도록 하여야 하며, 수사의 필요성이 있다고 인정하는 때에는 그 내용을 지체 없이 수사기관에 통보하여야 한다.

④ 소속기관장은 공직자등 또는 그 배우자가 수수 금지 금품등을 받거나 그 제공의 약속 또는 의사표시를 받은 사실을 알게 된 경우 수사의 필요성이 있다고 인정하는 때에는 그 내용을 지체 없이 수사기관에 통보하여야 한다.

⑤ 소속기관장은 소속 공직자등 또는 그 배우자가 수수 금지 금품등을 받거나 그 제공의 약속 또는 의사표시를 받은 사실을 알게 된 경우 또는 제1항부터 제4항까지의 규정에 따른 금품등의 신고, 금품등의 반환·인도 또는 수사기관에 대한 통보의 과정에서 직무의 수행에 지장이 있다고 인정하는 경우에는 해당 공직자등에게 제7조제4항 각 호 및 같은 조 제5항의 조치를 할 수 있다.

⑥ 공직자등은 제1항 또는 같은 조 제2항 단서에 따른 신고나 인도를 감독기관·감사원·수사기관 또는 국민권익위원회에도 할 수 있다.

⑦ 소속기관장은 공직자등으로부터 제1항제2호에 따른 신고를 받은 경우 그 공직자등의 배우자가 반환을 거부하는 금품등이 수수 금지 금품등에 해당한다고 인정하는 때에는 그 공직자등의 배우자로 하여금 그 금품등을 제공자에게 반환하도록 요구하여야 한다.

⑧ 제1항부터 제7항까지에서 규정한 사항 외에 수수 금지 금품등의 신고 및 처리

등에 필요한 사항은 대통령령으로 정한다.

제10조(외부강의등의 사례금 수수 제한)

① 공직자등은 자신의 직무와 관련되거나 그 지위 · 직책 등에서 유래되는 사실상 의 영향력을 통하여 요청받은 교육 · 홍보 · 토론회 · 세미나 · 공청회 또는 그 밖의 회의 등에서 한 강의 · 강연 · 기고 등(이하 "외부강의등"이라 한다)의 대가로서 대통령령으로 정하는 금액을 초과하는 사례금을 받아서는 아니 된다.

② 공직자등은 사례금을 받는 외부강의등을 할 때에는 대통령령으로 정하는 바에 따라 외부강의등의 요청 명세 등을 소속기관장에게 그 외부강의등을 마친 날부 터 10일 이내에 서면으로 신고하여야 한다. 다만, 외부강의등을 요청한 자가 국 가나 지방자치단체인 경우에는 그러하지 아니하다.

[개정 2019.11.26]

[[시행일 2020.5.27.]]

③ 삭제 [2019.11.26.]

[[시행일 2020.5.27.]]

④ 소속기관장은 제2항에 따라 공직자등이 신고한 외부강의등이 공정한 직무수 행을 저해할 수 있다고 판단하는 경우에는 그 공직자등의 외부강의등을 제한할 수 있다.

[개정 2019.11.26]

[[시행일 2020.5.27.]]

⑤ 공직자등은 제1항에 따른 금액을 초과하는 사례금을 받은 경우에는 대통령령 으로 정하는 바에 따라 소속기관장에게 신고하고, 제공자에게 그 초과금액을 지 체 없이 반환하여야 한다.

제11조(공무수행사인의 공무 수행과 관련된 행위제한 등)

칙

① 다음 각 호의 어느 하나에 해당하는 자(이하 "공무수행사인"이라 한다)의 공무 수행

에 관하여는 제5조부터 제9조까지를 준용한다.

1. 「행정기관 소속 위원회의 설치 · 운영에 관한 법률」 또는 다른 법령에 따라 설치된 각종 위원회의 위원 중 공직자가 아닌 위원

2. 법령에 따라 공공기관의 권한을 위임 · 위탁받은 법인 · 단체 또는 그 기관이나 개인

3. 공무를 수행하기 위하여 민간부문에서 공공기관에 파견 나온 사람

4. 법령에 따라 공무상 심의 · 평가 등을 하는 개인 또는 법인 · 단체

② 제1항에 따라 공무수행사인에 대하여제5조부터 제9조까지를 준용하는 경우 "공직자등"은 "공무수행사인"으로 보고, "소속기관장"은 "다음 각 호의 구분에 따른 자"로 본다.

1. 제1항제1호에 따른 위원회의 위원: 그 위원회가 설치된 공공기관의 장

2. 제1항제2호에 따른 법인 · 단체 또는 그 기관이나 개인: 감독기관 또는 권한을 위임하거나 위탁한 공공기관의 장

3. 제1항제3호에 따른 사람: 파견을 받은 공공기관의 장

4. 제1항제4호에 따른 개인 또는 법인 · 단체: 해당 공무를 제공받는 공공기관의 장

제4장 부정청탁 등 방지에 관한 업무의 총괄 등

제12조(공직자등의 부정청탁 등 방지에 관한 업무의 총괄)

국민권익위원회는 이 법에 따른 다음 각 호의 사항에 관한 업무를 관장한다.

1. 부정청탁의 금지 및 금품등의 수수 금지 · 제한 등에 관한 제도개선 및 교육 · 홍보계획의 수립 및 시행

2. 부정청탁 등에 관한 유형, 판단기준 및 그 예방 조치 등에 관한 기준의 작성 및 보급

3. 부정청탁 등에 대한 신고 등의 안내 · 상담 · 접수 · 처리 등

4. 신고자 등에 대한 보호 및 보상
5. 제1호부터 제4호까지의 업무 수행에 필요한 실태조사 및 자료의 수집ㆍ관리ㆍ
   분석 등

제13조(위반행위의 신고 등)

① 누구든지 이 법의 위반행위가 발생하였거나 발생하고 있다는 사실을 알게 된
   경우에는 다음 각 호의 어느 하나에 해당하는 기관에 신고할 수 있다.
1. 이 법의 위반행위가 발생한 공공기관 또는 그 감독기관
2. 감사원 또는 수사기관
3. 국민권익위원회
② 제1항에 따른 신고를 한 자가 다음 각 호의 어느 하나에 해당하는 경우에는 이
   법에 따른 보호 및 보상을 받지 못한다.
1. 신고의 내용이 거짓이라는 사실을 알았거나 알 수 있었음에도 신고한 경우
2. 신고와 관련하여 금품등이나 근무관계상의 특혜를 요구한 경우
3. 그 밖에 부정한 목적으로 신고한 경우
③ 제1항에 따라 신고를 하려는 자는 자신의 인적사항과 신고의 취지ㆍ이유ㆍ내
   용을 적고 서명한 문서와 함께 신고 대상 및 증거 등을 제출하여야 한다.

제14조(신고의 처리)

① 제13조제1항제1호 또는 제2호의 기관(이하 "조사기관"이라 한다)은 같은 조 제1항
   에 따라 신고를 받거나 제2항에 따라 국민권익위원회로부터 신고를 이첩받은
   경우에는 그 내용에 관하여 필요한 조사ㆍ감사 또는 수사를 하여야 한다.
② 국민권익위원회가 제13조제1항에 따른 신고를 받은 경우에는 그 내용에 관하
   여 신고자를 상대로 사실관계를 확인한 후 대통령령으로 정하는 바에 따라 조사
   기관에 이첩하고, 그 사실을 신고자에게 통보하여야 한다.
③ 조사기관은 제1항에 따라 조사ㆍ감사 또는 수사를 마친 날부터 10일 이내에 그
   결과를 신고자와 국민권익위원회에 통보(국민권익위원회로부터 이첩받은 경우만 해당

한다)하고, 조사 · 감사 또는 수사 결과에 따라 공소 제기, 과태료 부과 대상 위반 행위의 통보, 징계 처분 등 필요한 조치를 하여야 한다.

④ 국민권익위원회는 제3항에 따라 조사기관으로부터 조사 · 감사 또는 수사 결과를 통보받은 경우에는 지체 없이 신고자에게 조사 · 감사 또는 수사 결과를 알려야 한다.

⑤ 제3항 또는 제4항에 따라 조사 · 감사 또는 수사 결과를 통보받은 신고자는 조사기관에 이의신청을 할 수 있으며, 제4항에 따라 조사 · 감사 또는 수사 결과를 통지받은 신고자는 국민권익위원회에도 이의신청을 할 수 있다.

⑥ 국민권익위원회는 조사기관의 조사 · 감사 또는 수사 결과가 충분하지 아니하다고 인정되는 경우에는 조사 · 감사 또는 수사 결과를 통보받은 날부터 30일 이내에 새로운 증거자료의 제출 등 합리적인 이유를 들어 조사기관에 재조사를 요구할 수 있다.

⑦ 제6항에 따른 재조사를 요구받은 조사기관은 재조사를 종료한 날부터 7일 이내에 그 결과를 국민권익위원회에 통보하여야 한다. 이 경우 국민권익위원회는 통보를 받은 즉시 신고자에게 재조사 결과의 요지를 알려야 한다.

제15조(신고자등의 보호 · 보상)

① 누구든지 다음 각 호의 어느 하나에 해당하는 신고 등(이하 "신고등"이라 한다)을 하지 못하도록 방해하거나 신고등을 한 자(이하 "신고자등"이라 한다)에게 이를 취소하도록 강요해서는 아니 된다.

1. 제7조제2항 및 제6항에 따른 신고

2. 제9조제1항, 같은 조 제2항 단서 및 같은 조 제6항에 따른 신고 및 인도

3. 제13조제1항에 따른 신고

4. 제1호부터 제3호까지에 따른 신고를 한 자 외에 협조를 한 자가 신고에 관한 조사 · 감사 · 수사 · 소송 또는 보호조치에 관한 조사 · 소송 등에서 진술 · 증언 및 자료제공 등의 방법으로 조력하는 행위

② 누구든지 신고자등에게 신고등을 이유로 불이익조치(「공익신고자 보호법」 제2조제6호에 따른 불이익조치를 말한다. 이하 같다)를 해서는 아니 된다.

③ 이 법에 따른 위반행위를 한 자가 위반사실을 자진하여 신고하거나 신고자등이 신고등을 함으로 인하여 자신이 한 이 법 위반행위가 발견된 경우에는 그 위반행위에 대한 형사처벌, 과태료 부과, 징계처분, 그 밖의 행정처분 등을 감경하거나 면제할 수 있다.

④ 제1항부터 제3항까지에서 규정한 사항 외에 신고자등의 보호 등에 관하여는 「공익신고자 보호법」 제11조부터 제13조까지, 제14조제3항부터 제5항까지 및 제16조부터 제25조까지의 규정을 준용한다. 이 경우 "공익신고자등"은 "신고자등"으로, "공익신고등"은 "신고등"으로 본다.

⑤ 국민권익위원회는 제13조제1항에 따른 신고로 인하여 공공기관에 재산상 이익을 가져오거나 손실을 방지한 경우 또는 공익의 증진을 가져온 경우에는 그 신고자에게 포상금을 지급할 수 있다.

⑥ 국민권익위원회는 제13조제1항에 따른 신고로 인하여 공공기관에 직접적인 수입의 회복·증대 또는 비용의 절감을 가져온 경우에는 그 신고자의 신청에 의하여 보상금을 지급하여야 한다.

⑦ 제5항과 제6항에 따른 포상금·보상금 신청 및 지급 등에 관하여는 「부패방지 및 국민권익위원회의 설치와 운영에 관한 법률」 제68조부터 제70조까지, 제70조의2 및 제71조를 준용한다. 이 경우 "신고자"는 "제13조제1항에 따라 신고를 한 자"로, "신고"는 "제13조제1항에 따른 신고"로 본다.

[개정 2019.4.16 제16324호(부패방지 및 국민권익위원회의 설치와 운영에 관한 법률)]

[[시행일 2019.10.17]]

제16조(위법한 직무처리에 대한 조치)

공공기관의 장은 공직자등이 직무수행 중에 또는 직무수행 후에 제5조, 제6조 및 제8조를 위반한 사실을 발견한 경우에는 해당 직무를 중지하거나 취소하는 등 필요한 조치를 하여야 한다.

제17조(부당이득의 환수)

공공기관의 장은 제5조, 제6조, 제8조를 위반하여 수행한 공직자등의 직무가 위법한 것으로 확정된 경우에는 그 직무의 상대방에게 이미 지출·교부된 금액 또는 물건이나 그 밖에 재산상 이익을 환수하여야 한다.

제18조(비밀누설 금지)

다음 각 호의 어느 하나에 해당하는 업무를 수행하거나 수행하였던 공직자등은 그 업무처리 과정에서 알게 된 비밀을 누설해서는 아니 된다. 다만, 제7조제7항에 따라 공개하는 경우에는 그러하지 아니하다.
1. 제7조에 따른 부정청탁의 신고 및 조치에 관한 업무
2. 제9조에 따른 수수 금지 금품등의 신고 및 처리에 관한 업무

제19조(교육과 홍보 등)

① 공공기관의 장은 공직자등에게 부정청탁 금지 및 금품등의 수수 금지에 관한 내용을 정기적으로 교육하여야 하며, 이를 준수할 것을 약속하는 서약서를 받아야 한다.
② 공공기관의 장은 이 법에서 금지하고 있는 사항을 적극적으로 알리는 등 국민들이 이 법을 준수하도록 유도하여야 한다.
③ 공공기관의 장은 제1항 및 제2항에 따른 교육 및 홍보 등의 실시를 위하여 필요하면 국민권익위원회에 지원을 요청할 수 있다. 이 경우 국민권익위원회는 적극 협력하여야 한다.

제20조(부정청탁 금지 등을 담당하는 담당관의 지정)

공공기관의 장은 소속 공직자등 중에서 다음 각 호의 부정청탁 금지 등을 담당하는 담당관을 지정하여야 한다.
1. 부정청탁 금지 및 금품등의 수수 금지에 관한 내용의 교육·상담

2. 이 법에 따른 신고·신청의 접수, 처리 및 내용의 조사
3. 이 법에 따른 소속기관장의 위반행위를 발견한 경우 법원 또는 수사기관에 그 사실의 통보

제5장 징계 및 벌칙

제21조(징계)

공공기관의 장 등은 공직자등이 이 법 또는 이 법에 따른 명령을 위반한 경우에는 징계처분을 하여야 한다.

제22조(벌칙)

① 다음 각 호의 어느 하나에 해당하는 자는 3년 이하의 징역 또는 3천만원 이하의 벌금에 처한다.

1. 제8조제1항을 위반한 공직자등(제11조에 따라 준용되는 공무수행사인을 포함한다). 다만, 제9조제1항·제2항 또는 제6항에 따라 신고하거나 그 수수 금지 금품등을 반환 또는 인도하거나 거부의 의사를 표시한 공직자등은 제외한다.

2. 자신의 배우자가 제8조제4항을 위반하여 같은 조 제1항에 따른 수수 금지 금품등을 받거나 요구하거나 제공받기로 약속한 사실을 알고도 제9조제1항제2호 또는 같은 조 제6항에 따라 신고하지 아니한 공직자등(제11조에 따라 준용되는 공무수행사인을 포함한다). 다만, 공직자등 또는 배우자가 제9조제2항에 따라 수수 금지 금품등을 반환 또는 인도하거나 거부의 의사를 표시한 경우는 제외한다.

3. 제8조제5항을 위반하여 같은 조 제1항에 따른 수수 금지 금품등을 공직자등(제11조에 따라 준용되는 공무수행사인을 포함한다) 또는 그 배우자에게 제공하거나 그 제공의 약속 또는 의사표시를 한 자

4. 제15조제4항에 따라 준용되는 「공익신고자 보호법」 제12조제1항을 위반하여 신고자등의 인적사항이나 신고자등임을 미루어 알 수 있는 사실을 다른 사람에게 알려주거나 공개 또는 보도한 자

5. 제18조를 위반하여 그 업무처리 과정에서 알게 된 비밀을 누설한 공직자등

② 다음 각 호의 어느 하나에 해당하는 자는 2년 이하의 징역 또는 2천만원 이하의 벌금에 처한다.

1. 제6조를 위반하여 부정청탁을 받고 그에 따라 직무를 수행한 공직자등(제11조에 따라 준용되는 공무수행사인을 포함한다)

2. 제15조제2항을 위반하여 신고자등에게 「공익신고자 보호법」 제2조제6호가목에 해당하는 불이익조치를 한 자

3. 제15조제4항에 따라 준용되는 「공익신고자 보호법」 제21조제2항에 따라 확정되거나 행정소송을 제기하여 확정된 보호조치결정을 이행하지 아니한 자

③ 다음 각 호의 어느 하나에 해당하는 자는 1년 이하의 징역 또는 1천만원 이하의 벌금에 처한다.

1. 제15조제1항을 위반하여 신고등을 방해하거나 신고등을 취소하도록 강요한 자

2. 제15조제2항을 위반하여 신고자등에게 「공익신고자 보호법」 제2조제6호나목부터 사목까지의 어느 하나에 해당하는 불이익조치를 한 자

④ 제1항제1호부터 제3호까지의 규정에 따른 금품등은 몰수한다. 다만, 그 금품등의 전부 또는 일부를 몰수하는 것이 불가능한 경우에는 그 가액을 추징한다.

제23조(과태료 부과)

① 다음 각 호의 어느 하나에 해당하는 자에게는 3천만원 이하의 과태료를 부과한다.

1. 제5조제1항을 위반하여 제3자를 위하여 다른 공직자등(제11조에 따라 준용되는 공무수행사인을 포함한다)에게 부정청탁을 한 공직자등(제11조에 따라 준용되는 공무수행사인을 포함한다). 다만, 「형법」등 다른 법률에 따라 형사처벌을 받은 경우에는 과태료를 부과하지 아니하며, 과태료를 부과한 후 형사처벌을 받은 경우에는 그 과태료 부과를 취소한다.

2. 제15조제4항에 따라 준용되는 「공익신고자 보호법」 제19조제2항 및 제3항(같은 법 제22조제3항에 따라 준용되는 경우를 포함한다)을 위반하여 자료 제출, 출석, 진술서의 제출을 거부한 자

② 제5조제1항을 위반하여 제3자를 위하여 공직자등(제11조에 따라 준용되는 공무수

행사인을 포함한다)에게 부정청탁을 한 자(제1항제1호에 해당하는 자는 제외한다)에게
는 2천만원 이하의 과태료를 부과한다. 다만, 「형법」등 다른 법률에 따라 형사처
벌을 받은 경우에는 과태료를 부과하지 아니하며, 과태료를 부과한 후 형사처벌
을 받은 경우에는 그 과태료 부과를 취소한다.

③ 제5조제1항을 위반하여 제3자를 통하여 공직자등(제11조에 따라 준용되는 공무수
행사인을 포함한다)에게 부정청탁을 한 자(제1항제1호 및 제2항에 해당하는 자는 제외한
다)에게는 1천만원 이하의 과태료를 부과한다. 다만, 「형법」등 다른 법률에 따라
형사처벌을 받은 경우에는 과태료를 부과하지 아니하며, 과태료를 부과한 후 형
사처벌을 받은 경우에는 그 과태료 부과를 취소한다.

④ 제10조제5항에 따른 신고 및 반환 조치를 하지 아니한 공직자등에게는 500만
원 이하의 과태료를 부과한다.

⑤ 다음 각 호의 어느 하나에 해당하는 자에게는 그 위반행위와 관련된 금품등 가
액의 2배 이상 5배 이하에 상당하는 금액의 과태료를 부과한다. 다만, 제22조제
1항제1호부터 제3호까지의 규정이나 「형법」등 다른 법률에 따라 형사처벌(몰수
나 추징을 당한 경우를 포함한다)을 받은 경우에는 과태료를 부과하지 아니하며, 과
태료를 부과한 후 형사처벌을 받은 경우에는 그 과태료 부과를 취소한다.

1. 제8조제2항을 위반한 공직자등(제11조에 따라 준용되는 공무수행사인을 포함한다). 다
만, 제9조제1항·제2항 또는 제6항에 따라 신고하거나 그 수수 금지 금품등을
반환 또는 인도하거나 거부의 의사를 표시한 공직자등은 제외한다.

2. 자신의 배우자가 제8조제4항을 위반하여 같은 조 제2항에 따른 수수 금지 금
품등을 받거나 요구하거나 제공받기로 약속한 사실을 알고도 제9조제1항제2호
또는 같은 조 제6항에 따라 신고하지 아니한 공직자등(제11조에 따라 준용되는 공무
수행사인을 포함한다). 다만, 공직자등 또는 배우자가 제9조제2항에 따라 수수 금
지 금품등을 반환 또는 인도하거나 거부의 의사를 표시한 경우는 제외한다.

3. 제8조제5항을 위반하여 같은 조 제2항에 따른 수수 금지 금품등을 공직자등(제
11조에 따라 준용되는 공무수행사인을 포함한다) 또는 그 배우자에게 제공하거나 그
제공의 약속 또는 의사표시를 한 자

⑥ 제1항부터 제5항까지의 규정에도 불구하고 「국가공무원법」, 「지방공무원법」등

다른 법률에 따라 징계부가금 부과의 의결이 있은 후에는 과태료를 부과하지 아니하며, 과태료가 부과된 후에는 징계부가금 부과의 의결을 하지 아니한다.

⑦ 소속기관장은 제1항부터 제5항까지의 과태료 부과 대상자에 대해서는 그 위반 사실을 「비송사건절차법」에 따른 과태료 재판 관할법원에 통보하여야 한다.

제24조(양벌규정)

법인 또는 단체의 대표자나 법인 · 단체 또는 개인의 대리인, 사용인, 그 밖의 종업 원이 그 법인 · 단체 또는 개인의 업무에 관하여 제22조제1항제3호[금품등의 제 공자가 공직자등(제11조에 따라 제8조가 준용되는 공무수행사인을 포함한다)인 경우는 제 외한다], 제23조제2항, 제23조제3항 또는 제23조제5항제3호[금품등의 제공자가 공직자등(제11조에 따라 제8조가 준용되는 공무수행사인을 포함한다)인 경우는 제외한다] 의 위반행위를 하면 그 행위자를 벌하는 외에 그 법인 · 단체 또는 개인에게도 해 당 조문의 벌금 또는 과태료를 과한다. 다만, 법인 · 단체 또는 개인이 그 위반행위 를 방지하기 위하여 해당 업무에 관하여 상당한 주의와 감독을 게을리하지 아니한 경우에는 그러하지 아니하다.

부 칙[2015.3.27. 제13278호]

제1조(시행일) 이 법은 공포 후 1년 6개월이 경과한 날부터 시행한다.

제2조(수수 금지 금품등의 신고에 관한 적용례) 제9조제1항은 이 법 시행 후 같은 항 각 호의 행위가 발생한 경우부터 적용한다.

제3조(외부강의등의 사례금 수수 제한에 관한 적용례) 제10조제1항은 이 법 시행 후 하는 외부강의등부터 적용한다.

부 칙[2016.5.29. 제14183호(병역법)]

제1조(시행일) 이 법은 공포 후 6개월이 경과한 날부터 시행한다. 〈단서 생략〉

제2조부터 제4조까지 생략

제5조(다른 법률의 개정) ①부터 ⑪까지 생략

⑫ 법률 제13278호 부정청탁 및 금품등 수수의 금지에 관한 법률 일부를 다음과 같이 개정한다.

제5조제1항제11호 중 "징병검사"를 "병역판정검사"로 한다.

⑬부터 〈22〉까지 생략

부 칙[2019.4.16 제16324호(부패방지 및 국민권익위원회의 설치와 운영에 관한 법률)]

제1조(시행일) 이 법은 공포 후 6개월이 경과한 날부터 시행한다.

제2조부터 제10조까지 생략

제11조(다른 법률의 개정) 부정청탁 및 금품등 수수의 금지에 관한 법률 일부를 다음과 같이 개정한다.

제15조제7항 전단 중 「부패방지 및 국민권익위원회의 설치와 운영에 관한 법률」 제68조부터 제71조까지의 규정을"을 「부패방지 및 국민권익위원회의 설치와 운영에 관한 법률」 제68조부터 제70조까지, 제70조의2 및 제71조를"로 하고, 같은 항 후단 중 "부패행위의 신고자"를 "신고자"로, "이 법에 따른 신고"를 "신고"로 한다.

부 칙[2019.11.26. 제16658호]

이 법은 공포 후 6개월이 경과한 날부터 시행한다.

공익제보자 보호법

제1장 총칙

제1조(목적)

이 법은 공익을 침해하는 행위를 신고한 사람 등을 보호하고 지원함으로써 국민생활의 안정과 투명하고 깨끗한 사회풍토의 확립에 이바지함을 목적으로 한다.

제2조(정의)

이 법에서 사용하는 용어의 정의는 다음과 같다.

[개정 2015.7.24, 2017.10.31]

[[시행일 2018.5.1.]]

1. "공익침해행위"란 국민의 건강과 안전, 환경, 소비자의 이익, 공정한 경쟁 및 이에 준하는 공공의 이익을 침해하는 행위로서 다음 각 목의 어느 하나에 해당하는 행위를 말한다.

가. 별표에 규정된 법률의 벌칙에 해당하는 행위

나. 별표에 규정된 법률에 따라 인허가의 취소처분, 정지처분 등 대통령령으로 정하는 행정처분의 대상이 되는 행위

2. "공익신고"란 제6조 각 호의 어느 하나에 해당하는 자에게 공익침해행위가 발생하였거나 발생할 우려가 있다는 사실을 신고·진정·제보·고소·고발하거나 공익침해행위에 대한 수사의 단서를 제공하는 것을 말한다. 다만, 다음 각 목의 어느 하나에 해당하는 경우는 공익신고로 보지 아니한다.

가. 공익신고 내용이 거짓이라는 사실을 알았거나 알 수 있었음에도 불구하고 공익신고를 한 경우

나. 공익신고와 관련하여 금품이나 근로관계상의 특혜를 요구하거나 그 밖에 부정한 목적으로 공익신고를 한 경우

3. "공익신고등"이란 공익신고와 공익신고에 대한 조사·수사·소송 및 공익신고자 보호조치에 관련된 조사·소송 등에서 진술·증언하거나 자료를 제공하는 것을 말한다.

4. "공익신고자"란 공익신고를 한 사람을 말한다.

5. "공익신고자등"이란 공익신고자와 공익신고에 대한 조사·수사·소송 및 공익신고자 보호조치에 관련된 조사·소송 등에서 진술·증언하거나 자료를 제공한 사람을 말한다.

6. "불이익조치"란 다음 각 목의 어느 하나에 해당하는 조치를 말한다.

가. 파면, 해임, 해고, 그 밖에 신분상실에 해당하는 신분상의 불이익조치

나. 징계, 정직, 감봉, 강등, 승진 제한, 그 밖에 부당한 인사조치

다. 전보, 전근, 직무 미부여, 직무 재배치, 그 밖에 본인의 의사에 반하는 인사조치

라. 성과평가 또는 동료평가 등에서의 차별과 그에 따른 임금 또는 상여금 등의 차별 지급

마. 교육 또는 훈련 등 자기계발 기회의 취소, 예산 또는 인력 등 가용자원의 제한

또는 제거, 보안정보 또는 비밀정보 사용의 정지 또는 취급 자격의 취소, 그 밖에 근무조건 등에 부정적 영향을 미치는 차별 또는 조치

바. 주의 대상자 명단 작성 또는 그 명단의 공개, 집단 따돌림, 폭행 또는 폭언, 그 밖에 정신적·신체적 손상을 가져오는 행위

사. 직무에 대한 부당한 감사(監査) 또는 조사나 그 결과의 공개

아. 인허가 등의 취소, 그 밖에 행정적 불이익을 주는 행위

자. 물품계약 또는 용역계약의 해지(解止), 그 밖에 경제적 불이익을 주는 조치

7. "내부 공익신고자"란 다음 각 목의 어느 하나에 해당하는 공익신고자를 말한다.

가. 피신고자인 공공기관, 기업, 법인, 단체 등에 소속되어 근무하거나 근무하였던 자

나. 피신고자인 공공기관, 기업, 법인, 단체 등과 공사·용역계약 또는 그 밖의 계약에 따라 업무를 수행하거나 수행하였던 자

다. 그 밖에 대통령령으로 정하는 자

제3조(국가 등의 책무)

① 국가 또는 지방자치단체는 공익침해행위의 예방과 확산 방지 및 공익신고자등의 보호·지원을 위하여 노력하여야 한다.

[개정 2015.7.24, 2017.10.31]

[[시행일 2018.5.1.]]

② 기업은 직장 내 공익신고자등이 보호받을 수 있는 여건을 조성하도록 노력하여야 한다.

[신설 2015.7.24]

[[시행일 2016.1.25.]]

③ 국가 또는 지방자치단체는 기업의 공익침해행위 예방활동 등이 활성화될 수 있도록 지원하거나 협력할 수 있다.

[신설 2015.7.24]

[[시행일 2016.1.25]]

제4조(국민권익위원회의 정책수립)

① 공익신고자등을 보호하고 지원하기 위하여 국민권익위원회(이하 "위원회"라 한다)
  는 다음 각 호에 대한 정책을 수립하여야 한다.
  [개정 2015.7.24]
  [[시행일 2016.1.25.]]
1. 공익신고의 접수 및 처리 등에 관한 사항
2. 공익신고자등의 비밀보장 및 신변보호 등에 관한 사항
3. 공익신고자등에 대한 불이익조치 금지 및 보호조치 등에 관한 사항
4. 공익신고자등에 대한 보상금·구조금 지급에 관한 사항
5. 공익신고자 보호제도에 관한 교육 및 홍보 등에 관한 사항
② 위원회는 제1항에 따른 정책을 효율적으로 수립하기 위하여 필요한 경우에는
  제6조 각 호의 기관에 대하여 공익신고 처리 및 보호조치 현황 등에 관한 실태
  조사를 할 수 있다.
  [신설 2015.7.24]
  [[시행일 2016.1.25.]]
③ 제2항에 따른 실태조사의 방법·절차 등에 필요한 사항은 대통령령으로 정한다.
  [신설 2015.7.24]
  [[시행일 2016.1.25]]

제5조(다른 법률과의 관계)

공익신고자등의 보호와 관련하여 이 법과 다른 법률의 적용이 경합하는 경우에는
이 법을 우선 적용하되, 다른 법률을 적용하는 것이 공익신고자등에게 유리한 경우
에는 그 법을 적용한다.

제2장 공익신고

제6조(공익신고)

누구든지 공익침해행위가 발생하였거나 발생할 우려가 있다고 인정하는 경우에는 다음 각 호의 어느 하나에 해당하는 자에게 공익신고를 할 수 있다.

1. 공익침해행위를 하는 사람이나 기관 · 단체 · 기업 등의 대표자 또는 사용자
2. 공익침해행위에 대한 지도 · 감독 · 규제 또는 조사 등의 권한을 가진 행정기관이나 감독기관(이하 "조사기관"이라 한다)
3. 수사기관
4. 위원회
5. 그 밖에 공익신고를 하는 것이 공익침해행위의 발생이나 그로 인한 피해의 확대 방지에 필요하다고 인정되어 대통령령으로 정하는 자

제7조(공직자의 공익신고 의무)

「부패방지 및 국민권익위원회의 설치와 운영에 관한 법률」제2조제3호에 따른 공직자(이하 "공직자"라 한다)는 그 직무를 하면서 공익침해행위를 알게 된 때에는 이를 조사기관, 수사기관 또는 위원회에 신고하여야 한다.

제8조(공익신고의 방법)

① 공익신고를 하려는 사람은 다음 각 호의 사항을 적은 문서(전자문서를 포함한다. 이하 "신고서"라 한다)와 함께 공익침해행위의 증거 등을 첨부하여 제6조 각 호의 어느 하나에 해당하는 자에게 제출하여야 한다.

1. 공익신고자의 이름, 주민등록번호, 주소 및 연락처 등 인적사항
2. 공익침해행위를 하는 자
3. 공익침해행위 내용
4. 공익신고의 취지와 이유

② 제1항에도 불구하고 신고서를 제출할 수 없는 특별한 사정이 있는 경우에는 구

술(口述)로 신고할 수 있다. 이 경우 증거 등을 제출하여야 한다.

③ 제2항의 구술신고를 받은 자는 신고서에 공익신고자가 말한 사항을 적은 후 공익신고자에게 읽어 들려주고 공익신고자가 서명하거나 도장을 찍도록 하여야 한다.

제8조의2(비실명 대리신고)

① 제8조제1항에도 불구하고 공익신고자는 자신의 인적사항을 밝히지 아니하고 변호사로 하여금 공익신고를 대리하도록 할 수 있다. 이 경우 제8조제1항제1호에 따른 공익신고자의 인적사항은 변호사의 인적사항으로 갈음한다.

② 제1항에 따른 공익신고는 위원회에 하여야 하며, 공익신고자 또는 공익신고를 대리하는 변호사는 그 취지를 밝히고 공익신고자의 인적사항, 공익신고자임을 입증할 수 있는 자료 및 위임장을 위원회에 함께 제출하여야 한다.

③ 위원회는 제2항에 따라 제출된 자료를 봉인하여 보관하여야 하며, 공익신고자 본인의 동의 없이 이를 열람해서는 아니 된다.

[본조신설 2018.4.17]

[[시행일 2018.10.18]]

제9조(신고내용의 확인 및 이첩 등)

① 위원회가 공익신고를 받은 때에는 공익신고자의 인적사항, 공익신고의 경위 및 취지 등 신고내용의 특정에 필요한 사항 등을 확인할 수 있다.

② 위원회는 제1항의 사항에 대한 진위여부를 확인하는 데 필요한 범위에서 공익신고자에게 필요한 자료의 제출을 요구할 수 있다.

③ 위원회는 제2항에 따른 사실 확인을 마친 후에는 바로 해당 조사기관이나 수사기관에 이첩하고, 그 사실을 공익신고자에게 통보하여야 한다.

④ 제3항에 따라 공익신고를 이첩받은 조사기관이나 수사기관은 조사·수사 종료 후 조사결과 또는 수사결과를 위원회에 통보하여야 한다. 이 경우 위원회는 조사결과 또는 수사결과의 요지를 공익신고자에게 통지하여야 한다.

⑤ 위원회는 제4항에 따라 조사결과를 통보받은 후 공익침해행위의 확산 및 재발 방지를 위하여 필요하다고 인정하면 제10조제4항에 따라 해당 조사기관이 조사결과에 따라 취한 필요한 조치 외에 관계 법령에 따른 다음 각 호의 조치에 관한 의견을 제시할 수 있다.

[신설 2015.7.24]

[[시행일 2016.1.25.]]

1. 제품의 제조 · 판매중지, 회수 또는 폐기 등

2. 영업정지, 자격정지 등

3. 그 밖에 해당 공익침해행위 제거 및 예방 등을 위하여 필요한 조치

⑥ 제4항의 통지를 받은 공익신고자는 대통령령으로 정하는 바에 따라 위원회에 조사결과 또는 수사결과에 대한 이의신청을 할 수 있다.

[신설 2015.7.24]

[[시행일 2016.1.25.]]

⑦ 위원회는 조사기관이나 수사기관의 조사 · 수사가 충분하지 아니하였다고 인정하거나 제6항에 따른 이의신청에 이유가 있다고 인정하는 경우 조사기관이나 수사기관에 재조사 · 재수사를 요구할 수 있다.

[신설 2015.7.24]

[[시행일 2016.1.25.]]

⑧ 재조사 · 재수사를 요구받은 조사기관이나 수사기관은 재조사 · 재수사 종료 후 그 결과를 위원회에 통보하여야 한다. 이 경우 위원회는 공익신고자에게 재조사 · 재수사 결과의 요지를 통지하여야 한다.

[신설 2015.7.24]

[[시행일 2016.1.25]]

제9조의2(보호 · 지원 안내)

① 위원회는 다음 각 호의 사항에 관한 안내 방안을 마련하여 시행하여야 한다.

1. 제12조에 따른 비밀보장에 관한 사항

2. 제13조에 따른 신변보호조치 요구에 관한 사항

3. 제16조에 따른 인사조치 요구에 관한 사항

4. 제17조에 따른 보호조치 신청에 관한 사항

5. 제22조에 따른 불이익조치 금지 신청에 관한 사항

6. 제26조에 따른 보상금 지급 신청에 관한 사항

7. 제26조의2에 따른 포상금 지급에 관한 사항

8. 제27조에 따른 구조금 지급 신청에 관한 사항

② 제1항에 따른 안내 대상, 방법 및 그 밖에 필요한 사항은 대통령령으로 정한다.

[본조신설 2017.4.18]

[[시행일 2017.10.19]]

제10조(공익신고의 처리)

① 조사기관은 공익신고를 받은 때와 위원회로부터 공익신고를 이첩받은 때에는 그 내용에 관하여 필요한 조사를 하여야 한다.

② 조사기관은 공익신고가 다음 각 호의 어느 하나에 해당하는 경우에는 조사를 하지 아니하거나 중단하고 끝낼 수 있다.

1. 공익신고의 내용이 명백히 거짓인 경우

2. 공익신고자의 인적사항을 알 수 없는 경우

3. 공익신고자가 신고서나 증명자료 등에 대한 보완 요구를 2회 이상 받고도 보완 기간에 보완하지 아니한 경우

4. 공익신고에 대한 처리 결과를 통지받은 사항에 대하여 정당한 사유 없이 다시 신고한 경우

5. 공익신고의 내용이 언론매체 등을 통하여 공개된 내용에 해당하고 공개된 내용 외에 새로운 증거가 없는 경우

6. 다른 법령에 따라 해당 공익침해행위에 대한 조사가 시작되었거나 이미 끝난 경우

7. 그 밖에 공익침해행위에 대한 조사가 필요하지 아니하다고 대통령령으로 정하는 경우

③ 조사기관은 제2항에 따라 조사하지 아니하기로 하거나 조사를 중단하고 끝낸 때에는 바로 그 사실을 공익신고자에게 통보하여야 한다.

④ 조사기관은 공익신고에 대한 조사를 끝냈을 때에는 조사결과에 따라 필요한 조치를 취하고 그 결과를 공익신고자에게 통보하여야 한다.

⑤ 제6조에 따라 공익신고를 접수한 기관의 종사자 등은 공익신고에 대한 조사결과 공익침해행위가 발견되기 전에는 피신고자의 인적사항 등을 포함한 신고내용을 공개하여서는 아니 된다.

⑥ 조사기관이 그 관할에 속하지 아니하는 공익신고를 접수하였거나 이송 또는 이첩받은 때에는 바로 해당 조사기관에 이송하여야 하고 그 사실을 공익신고자에게 통지하여야 한다.

제10조의2(공익신고 통합정보시스템 구축 · 운영)

자료

① 위원회는 공익신고의 접수 · 처리 현황 등을 관리하는 통합정보시스템(이하 "통합정보시스템"이라 한다)을 구축 · 운영할 수 있다.

② 위원회는 통합정보시스템의 구축 · 운영을 위하여 필요한 경우에는 제6조 각 호의 기관에게 공익신고의 접수 및 처리 등에 관한 자료 · 정보의 제공을 요청하고 제공받은 목적의 범위에서 그 자료 · 정보를 보유 · 이용할 수 있다. 이 경우 자료 · 정보의 제공을 요청받은 자는 특별한 사유가 없으면 이에 협조하여야 한다.

③ 위원회는 제2항에 따라 보유 · 이용하는 자료 · 정보의 보호를 위하여 필요한 조치를 하여야 한다

[본조신설 2015.7.24]

[[시행일 2016.1.25]]

제3장 공익신고자등의 보호

제11조(인적사항의 기재 생략 등)

① 공익신고자등이나 그 친족 또는 동거인이 공익신고등을 이유로 피해를 입거나 입을 우려가 있다고 인정할 만한 상당한 이유가 있는 경우에 조사 및 형사절차

에서 「특정범죄신고자 등 보호법」 제7조, 제9조부터 제12조까지의 규정을 준용한다.

② 공익신고자등이나 그 법정대리인은 조사기관 또는 수사기관에 제1항에 따른 조치를 하도록 신청할 수 있다. 이 경우 조사기관 또는 수사기관은 특별한 사유가 없으면 이에 따라야 한다.

제12조(공익신고자등의 비밀보장 의무)

① 누구든지 공익신고자등이라는 사정을 알면서 그의 인적사항이나 그가 공익신고자등임을 미루어 알 수 있는 사실을 다른 사람에게 알려주거나 공개 또는 보도하여서는 아니 된다. 다만, 공익신고자등이 동의한 때에는 그러하지 아니하다.

② 위원회는 제1항을 위반하여 공익신고자등의 인적사항이나 공익신고자등임을 미루어 알 수 있는 사실이 공개 또는 보도되었을 때에는 그 경위를 확인할 수 있다.

[신설 2015.7.24]

[[시행일 2016.1.25.]]

③ 위원회는 제2항에 따른 경위를 확인하는 데 필요하다고 인정하면 해당 공익신고자등이 공익신고등을 한 기관에 관련 자료의 제출이나 의견의 진술 등을 요청할 수 있다. 이 경우 자료의 제출이나 의견의 진술을 요청받은 해당 기관은 특별한 사유가 없으면 그 요청에 협조하여야 한다.

[신설 2015.7.24]

[[시행일 2016.1.25.]]

④ 위원회는 제1항을 위반하여 공익신고자등의 인적사항이나 공익신고자등임을 미루어 알 수 있는 사실을 다른 사람에게 알려주거나 공개 또는 보도한 사람의 징계권자에게 그 사람에 대한 징계 등 필요한 조치를 요구할 수 있다.

[개정 2015.7.24]

[[시행일 2016.1.25]]

제13조(신변보호조치)

① 공익신고자등과 그 친족 또는 동거인은 공익신고등을 이유로 생명·신체에 중대한 위해를 입었거나 입을 우려가 명백한 경우에는 위원회에 신변보호에 필요한 조치(이하 "신변보호조치"라 한다)를 요구할 수 있다. 이 경우 위원회는 필요하다고 인정되면 경찰관서의 장에게 신변보호조치를 하도록 요청할 수 있다.

② 제1항에 따른 신변보호조치를 요청받은 경찰관서의 장은 대통령령으로 정하는 바에 따라 즉시 신변보호조치를 하여야 한다.

제14조(책임의 감면 등)

① 공익신고등과 관련하여 공익신고자등의 범죄행위가 발견된 경우에는 그 형을 감경하거나 면제할 수 있다.

② 공익신고등과 관련하여 발견된 위법행위 등을 이유로 공익신고자등에게 징계를 하거나 불리한 행정처분을 하는 경우 위원회는 공익신고자등의 징계권자나 행정처분권자에게 그 징계나 행정처분의 감경 또는 면제를 요구할 수 있다. 이 경우 요구를 받은 자는 정당한 사유가 있는 경우 외에는 그 요구에 따라야 한다.
[개정 2015.7.24]
[[시행일 2016.1.25.]]

③ 공익신고등의 내용에 직무상 비밀이 포함된 경우에도 공익신고자등은 다른 법령, 단체협약, 취업규칙 등에 따른 직무상 비밀준수 의무를 위반하지 아니한 것으로 본다.

④ 피신고자는 공익신고등으로 인하여 손해를 입은 경우에도 공익신고자등에게 그 손해배상을 청구할 수 없다. 다만, 제2조제2호가목 및 나목에 해당하는 경우에는 손해배상을 청구할 수 있다.

⑤ 단체협약, 고용계약 또는 공급계약 등에 공익신고등을 금지하거나 제한하는 규정을 둔 경우 그 규정은 무효로 한다.

⑥ 위원회는 제2항에 따른 징계나 행정처분의 감경 또는 면제를 요구하는 데 필요하다고 인정하면 징계권자나 행정처분권자 또는 해당 공익신고자등이 공익신

고등을 한 기관에 관련 자료의 제출이나 의견의 진술 등을 요청할 수 있다. 이 경우 자료의 제출이나 의견의 진술을 요청받은 해당 기관은 특별한 사유가 없으면 그 요청에 협조하여야 한다.

[신설 2015.7.24]

[[시행일 2016.1.25]]

제15조(불이익조치 등의 금지)

벌칙

① 누구든지 공익신고자등에게 공익신고등을 이유로 불이익조치를 하여서는 아니 된다.

② 누구든지 공익신고등을 하지 못하도록 방해하거나 공익신고자등에게 공익신고등을 취소하도록 강요하여서는 아니 된다.

제16조(인사조치의 우선적 고려)

자료

공익신고자등의 사용자 또는 인사권자는 공익신고자등이 전직 또는 전출·전입, 파견근무 등 인사에 관한 조치를 요구하는 경우 그 요구내용이 타당하다고 인정할 때에는 이를 우선적으로 고려하여야 한다.

제17조(보호조치 신청)

① 공익신고자등은 공익신고등을 이유로 불이익조치를 받은 때(공익침해행위에 대한 증거자료의 수집 등 공익신고를 준비하다가 불이익조치를 받은 후 공익신고를 한 경우를 포함한다)에는 위원회에 원상회복이나 그 밖에 필요한 조치(이하 "보호조치"라 한다)를 신청할 수 있다.

② 보호조치는 불이익조치가 있었던 날(불이익조치가 계속된 경우에는 그 종료일)부터 1년 이내에 신청하여야 한다. 다만, 공익신고자등이 천재지변, 전쟁, 사변, 그 밖에 불가항력의 사유로 1년 이내에 보호조치를 신청할 수 없었을 때에는 그 사유

가 소멸한 날부터 14일(국외에서의 보호조치 요구는 30일) 이내에 신청할 수 있다.
[개정 2017.10.31]
[[시행일 2018.5.1.]]

③ 다른 법령에 공익신고등을 이유로 받은 불이익조치에 대한 행정적 구제(救濟)절차가 있는 경우 공익신고자등은 그 절차에 따라 구제를 청구할 수 있다. 다만, 제1항에 따라 공익신고자등이 보호조치를 신청한 경우에는 그러하지 아니하다.

④ 보호조치의 신청 방법 및 절차에 필요한 사항은 대통령령으로 정한다.

제18조(보호조치 신청의 각하)

위원회는 보호조치의 신청이 다음 각 호의 어느 하나에 해당하는 경우에는 결정으로 신청을 각하(却下)할 수 있다.

1. 공익신고자등 또는 「행정절차법」 제12조제1항에 따른 대리인이 아닌 사람이 신청한 경우
2. 공익신고가 제10조제2항 각 호의 어느 하나에 해당하는 경우
3. 제17조제2항에 따른 신청기간이 지나 신청한 경우
4. 각하결정, 제20조제1항에 따른 보호조치결정 또는 기각결정을 받은 동일한 불이익조치에 대하여 다시 신청한 경우
5. 제20조제2항에 따라 위원회가 보호조치를 권고한 사항에 대하여 다시 신청한 경우
6. 다른 법령에 따른 구제절차를 신청한 경우
7. 다른 법령에 따른 구제절차에 의하여 이미 구제받은 경우

제19조(보호조치 신청에 대한 조사)

① 위원회는 보호조치를 신청받은 때에는 바로 공익신고자등이 공익신고등을 이유로 불이익조치를 받았는지에 대한 조사를 시작하여야 한다. 이 경우 위원회는 공익신고자등이 보호조치를 신청한 사실을 조사기관에 통보할 수 있다.

② 위원회는 보호조치의 신청에 대한 조사에 필요하다고 인정하면 다음 각 호의

어느 하나에 해당하는 자에게 관련 자료의 제출을 요구할 수 있다.

1. 보호조치를 신청한 사람(이하 "신청인"이라 한다)

2. 불이익조치를 한 자

3. 참고인

4. 관계 기관 · 단체 또는 기업

③ 위원회는 제2항제1호부터 제3호까지의 자에게 출석을 요구하여 진술을 청취하거나 진술서의 제출을 요구할 수 있다.

④ 위원회는 조사 과정에서 관계 당사자에게 충분한 소명(疏明) 기회를 주어야 한다.

⑤ 위원회는 제1항 후단에 따라 공익신고자등이 보호조치를 신청한 사실을 조사기관에 통보하면서 공익침해행위 조사와 관련된 자료의 제출 등의 협조를 요청할 수 있다. 이 경우 조사기관은 정당한 사유가 없으면 이에 협조하여야 한다.

[개정 2017.10.31]

[[시행일 2018.5.1]]

제20조(보호조치결정 등)

① 위원회는 조사 결과 신청인이 공익신고등을 이유로 불이익조치(제2조제6호아목 및 자목에 해당하는 불이익조치는 제외한다)를 받았다고 인정될 때에는 불이익조치를 한 자에게 30일 이내의 기간을 정하여 다음 각 호의 보호조치를 취하도록 요구하는 결정(이하 "보호조치결정"이라 한다)을 하여야 하며, 신청인이 공익신고등을 이유로 불이익조치를 받았다고 인정되지 아니하는 경우에는 보호조치 요구를 기각하는 결정(이하 "기각결정"이라 한다)을 하여야 한다.

1. 원상회복 조치

2. 차별 지급되거나 체불(滯拂)된 보수 등(이자를 포함한다)의 지급

3. 그 밖에 불이익조치에 대한 취소 또는 금지

② 위원회는 조사 결과 신청인이 공익신고등을 이유로 제2조제6호아목 또는 자목에 해당하는 불이익조치를 받았다고 인정될 때에는 불이익조치를 한 자에게 30일 이내의 기간을 정하여 인허가 또는 계약 등의 효력 유지 등 필요한 보호조치를 취할 것을 권고(이하 "권고"라 한다)할 수 있다.

③ 제18조에 따른 각하결정, 제1항에 따른 보호조치결정과 기각결정 및 제2항에 따른 권고는 서면으로 하여야 하며, 신청인과 불이익조치를 한 자에게 모두 통보하여야 한다.

④ 위원회는 보호조치결정을 하는 경우에는 공익신고등을 이유로 불이익조치를 한 자의 징계권자에게 그에 대한 징계를 요구할 수 있다.

⑤ 위원회는 대통령령으로 정하는 바에 따라 보호조치결정 이후 2년 동안 불이익조치를 한 자의 보호조치 이행 여부 및 추가적인 불이익조치의 발생 여부를 주기적으로 점검하여야 한다.

[신설 2017.10.31]

[[시행일 2018.5.1.]]

⑥ 제1항제2호에 따른 차별 지급되거나 체불된 보수 등의 지급 기준 및 산정방법 등에 관하여 필요한 사항은 대통령령으로 정한다.

[개정 2017.10.31]

[[시행일 2018.5.1]]

제20조의2(특별보호조치)

① 내부 공익신고자가 신고 당시 공익침해행위가 발생하였다고 믿을 합리적인 이유를 가지고 있는 경우 위원회는 보호조치결정을 할 수 있다.

② 제1항에 따른 특별보호조치결정에 대하여는 제20조, 제21조, 제21조의2를 준용한다.

[본조신설 2015.7.24]

[[시행일 2016.1.25]]

제21조(보호조치결정 등의 확정)

① 신청인과 불이익조치를 한 자는 보호조치결정, 기각결정 또는 각하결정에 대하여 그 결정서를 받은 날부터 30일 이내에 「행정소송법」에서 정하는 바에 따라 행정소송을 제기할 수 있다.

② 제1항에 따른 기간까지 행정소송을 제기하지 아니하면 보호조치결정, 기각결정 또는 각하결정은 확정된다.

③ 보호조치결정, 기각결정 또는 각하결정에 대하여는 「행정심판법」에 따른 행정심판을 청구할 수 없다.

④ 보호조치결정, 기각결정 또는 각하결정은 제1항에 따른 행정소송의 제기에 의하여 그 효력이 정지되지 아니한다.

[신설 2015.7.24]

[[시행일 2016.1.25]]

제21조의2(이행강제금)

① 위원회는 제20조제1항에 따른 보호조치결정을 받은 후 그 정해진 기한까지 보호조치를 취하지 아니한 자에게는 3천만원 이하의 이행강제금을 부과한다. 다만, 국가 또는 지방자치단체는 제외한다.

[개정 2018.4.17]

[[시행일 2018.10.18.]]

② 위원회는 제1항에 따른 이행강제금을 부과하기 30일 전까지 이행강제금을 부과·징수한다는 뜻을 미리 문서로 알려 주어야 한다.

③ 위원회는 제1항에 따른 이행강제금을 부과할 때에는 이행강제금의 금액, 부과 사유, 납부기한, 수납기관, 이의제기 방법 및 이의제기 기관 등을 명시한 문서로 하여야 한다.

④ 위원회는 보호조치결정을 한 날을 기준으로 매년 2회의 범위에서 보호조치가 이루어질 때까지 반복하여 제1항에 따른 이행강제금을 부과·징수할 수 있다.

[개정 2018.4.17]

[[시행일 2018.10.18.]]

⑤ 위원회는 불이익조치를 한 자가 보호조치를 하면 새로운 이행강제금을 부과하지 아니하되, 이미 부과된 이행강제금은 징수하여야 한다.

⑥ 위원회는 이행강제금 납부의무자가 납부기한까지 이행강제금을 내지 아니하면 기간을 정하여 독촉을 하고 지정된 기간에 제1항에 따른 이행강제금을 내지 아

니하면 국세 체납처분의 예에 따라 징수할 수 있다.

⑦ 제1항에 따른 이행강제금의 부과기준, 징수절차 등에 필요한 사항은 대통령령으로 정한다.

[본조신설 2015.7.24]

[[시행일 2016.1.25]]

제22조(불이익조치 금지 신청)

① 공익신고자등은 공익신고등을 이유로 불이익조치를 받을 우려가 명백한 경우(공익침해행위에 대한 증거자료의 수집 등 공익신고의 준비 행위를 포함한다)에는 위원회에 불이익조치 금지를 신청할 수 있다.

② 위원회는 불이익조치 금지 신청을 받은 때에는 바로 공익신고자등이 받을 우려가 있는 불이익조치가 공익신고등을 이유로 한 불이익조치에 해당하는지에 대한 조사를 시작하여야 한다.

③ 불이익조치 금지 신청에 관하여는 제18조, 제19조 및 제20조제1항부터 제3항까지의 규정을 준용한다.

④ 위원회는 조사 결과 공익신고자등이 공익신고등을 이유로 불이익조치를 받을 우려가 있다고 인정될 때에는 불이익조치를 하려는 자에게 불이익조치를 하지 말 것을 권고하여야 한다.

제23조(불이익조치 추정)

다음 각 호의 사유가 있는 경우 공익신고자등이 해당 공익신고등을 이유로 불이익조치를 받은 것으로 추정한다.

[개정 2017.10.31]

[[시행일 2018.5.1.]]

1. 공익신고자등을 알아내려고 하거나 공익신고등을 하지 못하도록 방해하거나 공익신고등의 취소를 강요한 경우

2. 공익신고등이 있은 후 2년 이내에 공익신고자등에 대하여 불이익조치를 한 경우

3. 제22조제4항에 따른 불이익조치 금지 권고를 받고도 불이익조치를 한 경우
4. 공익신고자등이 이 법에 따라 공익신고등을 한 후 제17조제1항에 따라 위원회
   에 보호조치를 신청하거나 법원에 원상회복 등에 관한 소를 제기하는 경우

제24조(화해의 권고 등)

① 위원회는 보호조치의 신청을 받은 경우에는 보호조치결정, 기각결정 또는 권고
   를 하기 전까지 직권으로 또는 관계 당사자의 신청에 따라 보호조치와 손해배
   상 등에 대하여 화해를 권고하거나 화해안을 제시할 수 있다. 이 경우 화해안에
   는 이 법의 목적을 위반하는 조건이 들어 있어서는 아니 된다.
② 위원회는 화해안을 작성함에 있어 관계 당사자의 의견을 충분히 들어야 한다.
③ 관계 당사자가 위원회의 화해안을 수락한 경우에는 화해조서를 작성하여 관계
   당사자와 화해에 관여한 위원회 위원 전원이 서명하거나 도장을 찍도록 하여야
   한다.
④ 제3항에 따라 화해조서가 작성된 경우에는 관계 당사자 간에 화해조서와 동일
   한 내용의 합의가 성립된 것으로 보며, 화해조서는 「민사소송법」에 따른 재판상
   화해와 같은 효력을 갖는다.

제25조(협조 등의 요청)

① 제6조에 따라 공익신고를 접수한 기관이나 위원회는 신고내용에 대한 조사·
   처리 또는 보호조치에 필요한 경우 관계 행정기관, 상담소 또는 의료기관, 그 밖
   의 관련 단체 등에 대하여 협조와 원조를 요청할 수 있다.
② 제1항의 요청을 받은 관계 행정기관, 상담소 또는 의료기관, 그 밖의 관련 단체
   등은 정당한 사유가 없는 한 이에 응하여야 한다.

제25조의2(정치 운동 등 신고의 특례)

① 「국가공무원법」 및 「지방공무원법」에 따른 공무원(「국가정보원직원법」 제2조에 따른
   국가정보원직원을 제외한다. 이하 이 조에서 "국가공무원등"이라 한다)은 다음 각 호의 어

느 하나에 해당하는 행위를 지시 받은 경우 대통령령으로 정하는 절차에 따라 이의를 제기할 수 있으며, 시정되지 않을 경우 그 직무의 집행을 거부할 수 있다.

1. 「국가공무원법」 제65조에 따른 정치 운동

2. 「지방공무원법」 제57조에 따른 정치 운동

3. 「군형법」 제94조제1항에 따른 정치 관여

② 국가공무원등이 제1항에 따른 이의제기 절차를 거친 후 시정되지 않을 경우, 오로지 공익을 목적으로 제1항 각 호에 해당하는 행위를 지시 받은 사실을 수사기관에 신고하는 경우에는 「형법」 제127조 및 「군형법」 제80조를 적용하지 아니한다.

③ 누구든지 제2항의 신고자에게 그 신고를 이유로 불이익조치를 하여서는 아니된다.

[본조신설 2014.1.14]

제4장 보상금, 포상금 및 구조금 [개정 2015.7.24] [[시행일 2016.1.25]]

제26조(보상금)

① 내부 공익신고자는 공익신고로 인하여 다음 각 호의 어느 하나에 해당하는 부과 등을 통하여 국가 또는 지방자치단체에 직접적인 수입의 회복 또는 증대를 가져오거나 그에 관한 법률관계가 확정된 때에는 위원회에 보상금의 지급을 신청할 수 있다.

[개정 2015.7.24]

[[시행일 2016.1.25.]]

1. 벌칙 또는 통고처분

2. 몰수 또는 추징금의 부과

3. 과태료 또는 이행강제금의 부과

4. 과징금(인허가 등의 취소·정지 처분 등을 갈음하는 과징금 제도가 있는 경우에 인허가 등의 취소·정지 처분 등을 포함한다)의 부과

5. 그 밖에 대통령령으로 정하는 처분이나 판결

② 위원회는 제1항에 따른 보상금의 지급신청을 받은 때에는 「부패방지 및 국민권익위원회의 설치와 운영에 관한 법률」 제69조에 따른 보상심의위원회(이하 "보상심의위원회"라 한다)의 심의·의결을 거쳐 대통령령으로 정하는 바에 따라 보상금을 지급하여야 한다. 다만, 공익침해행위를 관계 행정기관 등에 신고할 의무를 가진 자 또는 공직자가 자기 직무와 관련하여 공익신고를 한 사항에 대하여는 보상금을 감액하거나 지급하지 아니할 수 있다.

③ 제1항에 따른 보상금의 지급신청은 국가 또는 지방자치단체에 수입의 회복이나 증대에 관한 법률관계가 확정되었음을 안 날부터 2년 이내, 그 법률관계가 확정된 날부터 5년 이내에 하여야 한다. 다만, 정당한 사유가 있는 경우에는 그러하지 아니하다.

④ 위원회는 제1항에 따른 보상금의 지급신청이 있는 때에는 특별한 사유가 없는 한 신청일부터 90일 이내에 그 지급 여부 및 지급금액을 결정하여야 한다.

⑤ 위원회는 보상금 지급과 관련하여 조사가 필요하다고 인정되는 때에는 보상금 지급 신청인, 참고인 또는 관계 기관 등에 출석, 진술 및 자료의 제출 등을 요구할 수 있다. 보상금 지급 신청인, 참고인 또는 관계 기관 등은 위원회로부터 출석, 진술 및 자료제출 등을 요구받은 경우 정당한 사유가 없는 한 이에 따라야 한다.

⑥ 위원회는 제4항에 따른 보상금 지급결정이 있은 때에는 즉시 이를 보상금 지급 신청인과 관련 지방자치단체(지방자치단체의 직접적인 수입의 회복이나 증대 및 그에 관한 법률관계의 확정을 이유로 보상금을 지급한 경우에 한정한다)에 통지하여야 한다.

제26조의2(포상금 등)

① 위원회는 공익신고등으로 인하여 다음 각 호의 어느 하나에 해당되는 사유로 현저히 국가 및 지방자치단체에 재산상 이익을 가져오거나 손실을 방지한 경우 또는 공익의 증진을 가져온 경우에는 포상금을 지급하거나 「상훈법」등의 규정에 따라 포상을 추천할 수 있다. 다만, 포상금은 제26조에 따른 보상금이나 다른 법령에 따른 보상금과 중복하여 지급할 수 없다.

[개정 2017.10.31]

[[시행일 2018.5.1.]]

1. 공익침해행위를 한 자에 대하여 기소유예, 형의 선고유예 · 집행유예 또는 형의 선고 등이 있는 경우
2. 시정명령 등 특정한 행위나 금지를 명하는 행정처분이 있는 경우
3. 공익침해행위 예방을 위한 관계 법령의 제정 또는 개정 등 제도개선에 기여한 경우
4. 그 밖에 대통령령으로 정하는 사유

② 제1항에 따른 포상금 지급기준, 지급대상, 절차 등에 관한 사항은 대통령령으로 정한다.

[본조신설 2015.7.24]

[[시행일 2016.1.25]]

[본조제목개정 2017.10.31]

[[시행일 2018.5.1]]

제27조(구조금)

① 공익신고자등과 그 친족 또는 동거인은 공익신고등으로 인하여 다음 각 호의 어느 하나에 해당하는 피해를 받았거나 비용을 지출한 경우 위원회에 구조금의 지급을 신청할 수 있다.

1. 육체적 · 정신적 치료 등에 소요된 비용
2. 전직 · 파견근무 등으로 소요된 이사비용
3. 원상회복 관련 쟁송절차에 소요된 비용
4. 불이익조치 기간의 임금 손실액
5. 그 밖에 중대한 경제적 손해(제2조제6호아목 및 자목은 제외한다)

② 위원회는 제1항에 따른 구조금의 지급신청을 받은 때에는 보상심의위원회의 심의 · 의결을 거쳐 대통령령으로 정하는 바에 따라 구조금을 지급할 수 있다. 다만, 피해의 구조를 위하여 긴급한 필요가 인정되는 경우에는 보상심의위원회의 심의 · 의결 이전에 대통령령으로 정하는 바에 따라 구조금을 우선 지급할 수 있다.

[개정 2017.10.31]

[[시행일 2018.5.1.]]

③ 위원회는 구조금 지급과 관련하여 구조금 지급신청인과 이해관계인을 조사하거나 행정기관 또는 관련 단체에 필요한 사항을 조회할 수 있다. 이 경우 행정기관 또는 관련 단체는 특별한 사유가 없는 한 이에 따라야 한다.

④ 공익신고자등과 그 친족 또는 동거인이 제1항 각 호의 피해 또는 비용 지출을 원인으로 하여 손해배상을 받았으면 그 금액의 범위에서 구조금을 지급하지 아니한다.

⑤ 위원회가 구조금을 지급한 때에는 그 지급한 금액의 범위에서 해당 구조금을 지급받은 사람이 제1항 각 호의 피해 또는 비용 지출을 원인으로 가지는 손해배상청구권을 대위한다.

제28조(보상금 및 구조금의 중복 지급 금지 등)

① 제26조 및 제27조에 따라 보상금 또는 구조금을 지급받을 자는 다른 법령에 따라 보상금 또는 구조금 등을 청구하는 것이 금지되지 아니한다.

② 보상금 또는 구조금을 지급받을 자가 동일한 원인에 기하여 이 법에 따른 포상금을 받았거나 다른 법령에 따라 보상금 또는 구조금 등을 받은 경우 그 보상금, 포상금 또는 구조금 등의 액수가 이 법에 따라 받을 보상금 또는 구조금의 액수와 같거나 이를 초과하는 때에는 보상금 또는 구조금을 지급하지 아니하며, 그 보상금, 포상금 또는 구조금 등의 액수가 이 법에 따라 지급받을 보상금 또는 구조금의 액수보다 적은 때에는 그 금액을 공제하고 보상금 또는 구조금의 액수를 정하여야 한다.

[개정 2015.7.24]

[[시행일 2016.1.25.]]

③ 다른 법령에 따라 보상금 또는 구조금 등을 받을 자가 동일한 원인에 기하여 이 법에 따른 보상금, 포상금 또는 구조금을 지급받았을 때에는 그 보상금, 포상금 또는 구조금의 액수를 공제하고 다른 법령에 따른 보상금 또는 구조금 등의 액수를 정하여야 한다.

[개정 2015.7.24]

[[시행일 2016.1.25]]

제29조(보상금과 구조금의 환수 등)

① 위원회 또는 다른 법령에 따라 보상금 또는 구조금을 지급한 기관은 다음 각 호
의 어느 하나에 해당하는 사실이 발견된 경우에는 해당 보상금 또는 구조금 신
청인에게 반환할 금액을 통지하여야 하고 그 보상금 또는 구조금 신청인은 이
를 납부하여야 한다.

[개정 2017.10.31]

[[시행일 2018.5.1.]]

1. 보상금 또는 구조금 신청인이 거짓, 그 밖의 부정한 방법으로 보상금 또는 구조
금을 지급받은 경우

2. 구조금 신청인이 제27조제2항 단서에 따라 구조금을 지급받았으나 보상심의위
원회가 구조금을 지급하지 아니하기로 심의·의결한 경우

3. 구조금 신청인이 제27조제2항 단서에 따라 지급받은 구조금이 보상심의위원회
가 심의·의결한 지급금액을 초과하는 경우

4. 제28조제2항 및 제3항을 위반하여 보상금 또는 구조금이 지급된 경우

5. 그 밖에 착오 등의 사유로 보상금 또는 구조금이 잘못 지급된 경우

② 위원회로부터 제26조제6항에 따라 보상금 지급결정을 통지받은 지방자치단체
는 그 통지를 받은 날부터 3개월 이내에 위원회가 보상금 지급 신청인에게 지
급한 보상금에 상당하는 금액을 위원회에 상환하여야 한다.

③ 위원회는 제1항과 제2항에 따라 반환 또는 상환하여야 할 보상금 또는 구조금
신청인과 지방자치단체가 납부기한까지 그 금액을 납부하지 아니한 때에는 국
세 또는 지방세 체납처분의 예에 따라 징수할 수 있다.

제29조의2(손해배상책임)

① 공익신고등을 이유로 불이익조치를 하여 공익신고자등에게 손해를 입힌 자는

공익신고자등에게 발생한 손해에 대하여 3배 이하의 범위에서 배상책임을 진다. 다만, 불이익조치를 한 자가 고의 또는 과실이 없음을 입증한 경우에는 그러하지 아니하다.

② 법원은 제1항의 배상액을 정할 때에는 다음 각 호의 사항을 고려하여야 한다.

1. 고의 또는 손해 발생의 우려를 인식한 정도

2. 불이익조치로 인하여 공익신고자등이 입은 피해 규모

3. 불이익조치로 인하여 불이익조치를 한 자가 취득한 경제적 이익

4. 불이익조치를 한 자가 해당 불이익조치로 인하여 받은 형사처벌의 정도

5. 불이익조치의 유형·기간·횟수 등

6. 불이익조치를 한 자의 재산상태

7. 불이익조치를 한 자가 공익신고자등의 피해구제를 위하여 노력한 정도

[본조신설 2017.10.31]

[[시행일 2018.5.1]]

제5장 벌칙

제30조(벌칙)

① 다음 각 호의 어느 하나에 해당하는 자는 5년 이하의 징역 또는 5천만원 이하의 벌금에 처한다.

[개정 2017.10.31]

[[시행일 2018.5.1.]]

1. 제10조제5항을 위반하여 피신고자의 인적사항 등을 포함한 신고내용을 공개한 자

2. 제12조제1항을 위반하여 공익신고자등의 인적사항이나 공익신고자등임을 미루어 알 수 있는 사실을 다른 사람에게 알려주거나 공개 또는 보도한 자

② 다음 각 호의 어느 하나에 해당하는 자는 3년 이하의 징역 또는 3천만원 이하의 벌금에 처한다.

[개정 2017.10.31]

[[시행일 2018.5.1.]]

1. 제15조제1항을 위반하여 공익신고자등에게 제2조제6호가목에 해당하는 불이익조치를 한 자
2. 제21조제2항에 따라 확정되거나 행정소송을 제기하여 확정된 보호조치결정을 이행하지 아니한 자
③ 다음 각 호의 어느 하나에 해당하는 자는 2년 이하의 징역 또는 2천만원 이하의 벌금에 처한다.
   [개정 2017.10.31]
   [[시행일 2018.5.1.]]
1. 제15조제1항을 위반하여 공익신고자등에게 제2조제6호나목부터 사목까지 중 어느 하나에 해당하는 불이익조치를 한 자
2. 제15조제2항을 위반하여 공익신고등을 방해하거나 공익신고등을 취소하도록 강요한 자

제30조의2(양벌규정)

법인의 대표자나 법인 또는 개인의 대리인, 사용인, 그 밖의 종업원이 그 법인 또는 개인의 업무에 관하여 제30조의 위반행위를 하면 그 행위자를 벌하는 외에 그 법인 또는 개인에게도 해당 조문의 벌금형을 과(科)한다. 다만, 법인 또는 개인이 그 위반행위를 방지하기 위하여 해당 업무에 관하여 상당한 주의와 감독을 게을리하지 아니한 경우에는 그러하지 아니하다.
[본조신설 2015.7.24]
[[시행일 2016.1.25]]

제31조(과태료)

① 제19조제2항 및 제3항(제22조제3항에서 준용하는 경우를 포함한다)을 위반하여 자료제출, 출석, 진술서의 제출을 거부한 자에게는 3천만원 이하의 과태료를 부과한다.
② 제20조의2의 특별보호조치결정을 이행하지 아니한 자에게는 2천만원 이하의

과태료를 부과한다.

[신설 2015.7.24]

[[시행일 2016.1.25.]]

③ 제1항 및 제2항에 따른 과태료는 대통령령으로 정하는 바에 따라 위원회가 부과 · 징수한다.

[개정 2015.7.24]

[[시행일 2016.1.25]]

부 칙[2011.3.29. 제10472호]

제1조(시행일) 이 법은 공포 후 6개월이 경과한 날부터 시행한다.

제2조(적용례) 이 법은 이 법 시행 후 최초로 한 공익신고부터 적용한다

■ 참고문헌

1. 국내문헌

가. 서적

경찰청(2012),「경찰백서」.

경찰청(2012),「경찰쇄신권고안」, 경찰쇄신위원회, 30.

김광웅(1987),「사회과학 연구방법론」, 박영사.

김영종(1996),「부패학:원인과 대책」, 숭실대 출판부, 9-100.

김해동(1994),「관료 부패와 통제」, 집문당, 24.

김 택(2017),「경찰학의 이해」, 박영사.

_____(2003),「관료부패이론」, 한국학술정보.

_____(2010),「Corruption, Countermeasure and Global Trends」, 한국학술 정보.

_____(2017),「춘추필법 공익과 윤리」, 한국학술 정보.

유종해 · 김택(2010),「행정의 윤리」, 박영사, 187.

이윤호(2005),「범죄학개론」, 박영사.

이황우(2007),「경찰행정학」, 법문사.

임준태(2009),「범죄예방론」, 대영문화사.

조철옥(2012),「경찰윤리학」, 대영문화사.

최응렬(2013),「경찰조직론」, 박영사.

테리 L. 쿠퍼, 신재명 역(1993),「공직자의 행정책임과 윤리」, 대학사.

나. 연구논문

국민권익위원회(2015), 2009-2015년「청렴도 조사자료」.

_____(2021),「2020년도 부패인식지수」. 2021.1.28.

경찰청(2012), "서울경찰청 유착비리", 국정감사브리핑, 김민기의원자료실.

경찰청(2011), "관심직원 진단 프로그램 개발" 2011. 1. 30:1-67, 경찰청감사관실.

김상운(2012), "경찰의 부패실태와 원인분석에 간한 연구", 「한국부패학회보」, 제17권 제3호:93-112.

김영종(1996), "부패문화의 개혁정책론", 「부패학」, 숭실대출판부. 298-299.

_____(1996), 「부패학:원인과 대책」, 숭실대 출판부, 9-100.

_____(1988), "한국관료부패와 부패 방지", 「계간경향」, 1988년 봄

김해동(1978), "한국관료형태의 전통 문화적 요인", 「행정논총」, 제16권 1호, 57-68. 호.

_____(1972), "관료부패에 관한 연구(1)", 「행정논총」, 제10권 제1호, 서울대학교 행정대학원.

_____(1976), "서정쇄신과 사회병리", 「한국행정학보」, 제10집.

_____(1983), "관료부패의 제 요건", 「행정논총」, 제21권 제1호.

_____(1976), "서정쇄신과 사회병리", 「한국행정학보」, 제10집, 20-22.

김 택(1999), "경찰공무원의 부패에 관한 연구", 「한국부패학회보」, 3호, 1999.

_____(1997), "한국관료부패에 관한 연구", 강원대학교 행정학 박사학위논문.

_____(2014), "한국부패사 연구 연구: 해방후 미군정 시기 통치기구형서과 경찰활도의 공과를 중심", 한국부패학회보 19권 4호:265-283.

_____(2015), "경찰 부패의 요인에 관한 연구: 썩은 사과 가설과 조직구조를 중심", 「한국부패학회보」, 20권 2호:45-63

_____(2016), "경찰공무원 부패의 시민인식도에 관한 연구", 한국부패학회보 21권 3호:159-182.

_____(2016), "경찰공무원 부패의 시민인식에 관한 연구", 동국학교 경찰학 박사학위논문.

_____(2017), "경찰부패인식도 연구: 경찰공무원을 중심으로, 한국부패학회 22권 1호:55-72.

_____(2018), 경찰부패인식도 연구: 부패충동, 탐욕, 금품수수를 중심으로, 한국부패학회보, 23권 1호:55-73.

_____(2019), "경찰공무원의 부패인식에 관한 연구", 한국부패학회보24권 1호:71-86.

전경국 · 김택(2020), "경찰 부패 요인이 조직시민행동에 미치는 영향에 관한 시민의

인지:직업정체성의 조절효과를 중심", 한국부패학회보 25권 3호.

남형수(2009), "경찰공무원의 부패인식에 관한 연구", 동국대 박사학위 논문 2009.

동아일보(2010), 4월 19일.

동아일보(1996), 1월 16일.

문재명(2014), "경찰부패 방지를 위한 이해충돌 회피방안 연구", 한세대 대학원 경찰학 박사학위논문, 2014.2:1-3.

박상주(2006), "경찰부패유형분석과 함의:shleifer, vishny를 응용", 「한국행정연구」, 15 권 3호:331-367.

박영주(2013), "경찰의 부패태도에 영향을 미치는 요인에 관한 연구", 「경찰학연구」, 제 13권1호 통권 제33호:175-201, 경찰대학.

_____(2012), "경찰문화와 개인의 중화기술이 경찰 청렴도에 미치는 영향 관계에 관한 연구", 「한국공안행정학회보」, 제21권 제1 호 (통권 46호):113-143.

부패방지위원회(2004), "경찰분야 부패방지 시민참여 실천방안 연구" 서울시립대, 부 패방지위원회 홍보협력국, 3-173.

송호근·김우식·이재열 편저, (2004), "관계와 상징의 연결망(Ⅰ) 한국사회의 연결망 연구", 서울 : 서울대학교출판부, 62-66.

전경국. 김택 (2020), "경찰 부패 요인이 조직시민행동에 미치는 영향에 관한 시민의 인 지:직업정체성의 조절효과를 중심", 한국부패학회보 25권 3호.

연성진(1999), "경찰분야 부패방지 대책", 국무조정실 경찰부패연구보고서, 국무조정실.

윤일홍(2009), "경찰비리에 대한 경찰관의 견해 연구", 장기유학훈련 연구보고서, 행정 안전부 교육훈련정보센터, 6.

윤태범(2001) "경찰부패구조에 대한 탐색적 논의:klitgaard모델응용", 「한국정책학회 보」, 10권2호, 87-109.

이상훈(2012), "경찰부패의 원인과 방지에 관한 연구", 「국가법 연구」, 제8집 2호:189-211, 한국국가법학회.

이하섭(2013), "경찰부패에 대한 시민의 인식이 경찰에 미치는 영향", 「한국부패학회 보」, 제18권 제2호:113-131, 한국부패학회.

이재열(1998), "한국인의 연줄망", 후기사회학대회발표논문.

이재혁(2000), "위험과 신뢰 그리고 외부성", 「사회과학」, 39(2). 성균관대학교.

임지영(2010), "경찰관 청렴도 실태 및 대책에 관 연구: 국민권익위원회 공공기관 조사 및 경찰관 설문 결과 비교", 용인대 경찰학 석사논문. 2010. 8:8-24.

제민일보(2015), 경찰비리, 12월 31일.

전수일(2001), "경찰부패사례에 대한 연결망이론적 접근", 「한국부패학회보」, 5호, 161-179.

전수일(1984), "관료부패연구", 「한국행정학보」, 제18권 제1호.

최상일(2006), "경찰부패 통제전략의 효과성 제고에 관한 연구", 「한국정책과학학회보」, 제10권 제2호., 129-152.

황성돈(1999), "유교사상과 한국관료문화", 「한국관료제와 정책과정」, 다산출판사, 1999년 특별 세미나 발표논문집.

홍태경·류준혁(2011), "경찰일탈에 영향을 미치는 요인에 관한 연구", 2011 춘계학술 대회발표논문, 한국지방정부학회.

홍태경(2011), "경찰일탈 통제제도의 개선방안에 관한 연구"-경찰관 인식조사를 중심 으로, 「한국부패학회보」, 제16권 제1호, 한국부패학회, 111.

2. 외국문헌

가. Books

G. Myrdal.(1968), *Asian Drama*, N.Y. : Pantheon Books, 1968: 200-210.

Henderson.(1968), *The Politics of The Vortex*, Cambridge : Harvard University Press, 1968: 921

Heidenheimer, Arnold J.(2003), *Political Corruption: Readings in Comparative Analysis*, : New York: Rinehart & Winston.

James C. Scott(1972), *Comparative political Corruption*, Englewood Cliffs, N. T. : Prentice -Hall, 1972: 3.

Johnston, Michael(1982), *Political Corruption and Public Policy in America*, Brooks and Cole.

Kaufmann, W.(1973), *Without Guilt and Justice*, New York: Peter H. Wyden.

Key, V. O., Jr.(1976), *Politics, Parties and Public Policy*, 2nd ed, Boston:Little Brown and Company.

Klitgaard, Robert.(1992), *Controlling Corruption*, Berkeley, CA: University of Madsen.

Klockars, C.B., Ivkovich, S.K., Harver, W.E., &Haberfeld, M.(1997), Police corruption in thirty agencies in the United States, Newark, DE: University of Delaware

Lyman, Michael D.(2002), *The Police an Introduction*, 2nd ed. Upper Saddle River, NJ:Prentice Hall.

Monday V. Expo(1979), *Bureaucratic in Subsaharan Africa*, Washington D.C : Univ. Press of American, Inc., 1979:1-222.

Niederhoffer, A.(1967), *Behind the shield: The police in urban society*, Garden City, New York:Anchor Books

Noonan, Jr., John T(1988), *Bribes: The Intellectual History of a Moral Idea*, California Press.

Sheeran, Patrick J.(1993), *Ethics in Public Administration: A Philosophical Approach*. westport, Conn.:Praeger.

Singapore.(1993), *Prevention of Corruption Act*, CPIB.

Susan Rose Ackerman.(1978), *Corruption : A Study in Political Economy*, New York: Acdamic Press Inc., 1978:60-73.

나. Articles

Bayley, David H.(1966), "The Effects of Corruption in a Developing Nations," Western Political Quality, vol.12, no.4

Gerald E. Caiden & Naomi J. Caiden.(1997), "Administrative Corruption," Public Administration Review. Vol.37, No.3:306-308.

Gennaro F.Vito et al.(2011), Police Integrity: Rankings of Scenarios on the klocars scale, "Management Cops".

J.S. Nye.(1967), "Corruption and Political Development : A Cost-Benefit Analysis" APSR, Vol. LXII, No. 2, June:411-433.

Johnston, Michael.(1986), "The Political Consequences of Corruption : A Reassessment," Comparative Politics July: 463-473.

Kutnjak Ivkovic, Sanja, and Wook Kang.(2012), "Police Integrity in South Korea." Policing: An International Journal of Police Strategies & Manangement 35,1: 76-103.

Knapp Commission.(1972), "The Knapp Commission report" on police corruption, New York:George Braziller.

Robert O. Tilman.(1968), "Bureaucracy : Administration, Development and corruption in the New states", Public Administration Review Vol,28, no,5: 440-442.

Rose Ackerman, Susan.(1978),"Corruption:A study in Political Economy, New York :Academic Press.

Shleifer, Andrei&Vishny, Robert W.(1993), Corruption, "Quarterly Journal of Economics, 103(3):599-617.

Simcha B. Werner.(1983), "New Directions in the Study of Administrative Corruption", PAR, Vol. 43, No. 2: 146.

Smith, Robert W.(1993), "Ethics Commissions, Inspectors General and Ombudsmen: A Discussion of Ethics, Accountability and Democracy in the States." presented at the ASPA/CASU, 54th National Training Conference, San Francisco, California, July:17-21.

Thompson, Demmis F.(1992), "Paradoxes of Government Ethics." PAR, Vol. 52.

Transparency International(2015), "The Corruption Perception Index", 2015.

Whitman Knapp.(1970), "Police Corruption", Knapp Commission, https://en. wikipedia.org/wiki/Knapp_Commission.

김택

현재 중원대학교 경찰행정학과 교수

독일 슈파이어 국립행정대학원 초청객원연구원

미국 아메리칸대학교 Traccc 초청교수(RESIDENCE IN VISITING SCHOLAR)

미국 아메리칸대학교 박사후과정(Post Doc.) 수료(국비)

동국대학교 경찰학박사, 강원대학교 행정학박사

경찰부패 윤리론

초판인쇄 2022년 9월 1일
초판발행 2022년 9월 1일

지은이 김택
펴낸이 채종준
펴낸곳 한국학술정보(주)
주 소 경기도 파주시 회동길 230(문발동)
전 화 031-908-3181(대표)
팩 스 031-908-3189
홈페이지 http://ebook.kstudy.com
E-mail 출판사업부 publish@kstudy.com
등 록 제일산-115호(2000. 6. 19)

ISBN 979-11-6801-660-6 93300